Cyrille Wilfried MEYOMESSE
Arline DJOUFA KEBEN

Seule dans les rues

Cyrille Wilfried MEYOMESSE
Arline DJOUFA KEBEN

Seule dans les rues

Une histoire vraie dans un monde imaginaire

Éditions Muse

Imprint
Any brand names and product names mentioned in this book are subject to trademark, brand or patent protection and are trademarks or registered trademarks of their respective holders. The use of brand names, product names, common names, trade names, product descriptions etc. even without a particular marking in this work is in no way to be construed to mean that such names may be regarded as unrestricted in respect of trademark and brand protection legislation and could thus be used by anyone.

Cover image: www.ingimage.com

Publisher:
Éditions Muse
is a trademark of
Dodo Books Indian Ocean Ltd. and OmniScriptum S.R.L publishing group

120 High Road, East Finchley, London, N2 9ED, United Kingdom
Str. Armeneasca 28/1, office 1, Chisinau MD-2012, Republic of Moldova, Europe
Printed at: see last page
ISBN: 978-620-4-95919-1

A

Danièle SASSOU NGUESSO

REMERCIEMENTS

La rédaction d'une œuvre a toujours été un travail de groupe car des facteurs externes à notre personne nous influencent toujours tant positivement que négativement et déterminent de ce fait notre motivation, notre détermination ou notre enthousiasme. De ce fait je ne pourrai manquer de remercier :

- Les jeunes qui m'ont fait comprendre qu'au Cameroun il y'a encore des jeunes motivés pour le roman et l'écriture ;
- **EMVOUTOU MEYOMESSE**, maman de **Cyrille Wilfried**, pour son soutien indéfectible ;
- Mon oncle le **Pasteur Jean Blaise AMOUGOU** qui m'a offert l'ordinateur utilisé pour la rédaction de ce roman ;
- **L'Internet Society, Facebook et MTN Cameroon** qui m'ont permis de trouver celle à qui ce document a été dédié par ses œuvres humanitaires et sociales au Congo Brazzaville ;
- **Andréa** et sa fille **Camille** à qui était destiné le premier usage de l'ordinateur utilisé pour la rédaction de cet ouvrage en distance Learning ;
- **Mes élèves du Lycée de Sangmélima – Avebe** pour l'amour manifesté envers moi pendant les cours dispensés ;
- **Marina et toute les équipe des Editions La Croix** qui ont accepté mon premier livre publié et mon redonné le goût de l'écriture après la perte de plusieurs ordinateurs contenant des ouvrages non publiés ;
- Tous ceux qui de près ou de loin ont toujours concouru à mon progrès et mes succès ;
- **POWO Christelle Flore**, mère d'Arline, qui la soutient toujours dans tout ce que je fais, qui prie et qui est toujours là pour moi.
- **KEUPOW KEBEN SEDE**, grand frère d'Arline, qui l'encourage toujours à aller loin et qui promeut son travail
- **Au Dieu tout Puissant, à Jésus – Christ Son fils Unique et au Saint – Esprit** notre consolateur sans qui rien n'est.

PREFACE (AVANT-PROPOS)

Une femme sort pour prendre de l'air et faire un peu de sport avec ses deux chiens de compagnies. A l'entrée d'une ruelle elle se sent subitement affaiblie et se dit qu'elle doit prendre, une boisson fraîche et manger.

Elle emprunte un couloir (le couloir de la mort) et à l'entrée tout le monde refuse de la recevoir, mais elle insiste et va s'asseoir dans un restaurant ; même dans ce restaurant, on refuse toujours de la servir, elle insiste et va dans un bar où elle sera très bien accueillie : elle y mange, boit et se repose.

Au moment rentrer chez elle, tout le monde tout autour s'opposa et dit d'une voix à l'unisson : « on te traite bien ici et tu rentres faire quoi là-bas ». En insistant de rentrer elle se trouva dans la bagarre avec ces gens qui empêchaient qu'elle retourne réanimer son corps qui, à son insu, s'est écroulé à l'entrée du couloir car ayant pris de l'énergie dans leur monde. Après la bagarre elle put, sans savoir comment cela s'est passé, sortir de ce couloir toute sale et blessée (c'était son état à l'entrée) ; puis se retrouva sur le lit de l'hôpital avec une tenue blanche mais ayant survécu car en pleine réanimation.

Le combat que cette femme mena, est le combat de chacun de nous dans l'un des aspects de nos vies ; combat entre le milieu extérieur et notre moi intérieur ; combat entre notre existence et la mort ; combat entre nos sentiments et notre environnement ; combat entre la volonté de ceux qui m'assistent ou m'aident, et ma volonté ; combat entre nos désirs et nos sensations.

La vie est une école, un apprentissage ; la vie est notre essence, substance, principe directeur ; la Vie est Dieu, donc le remède et la solution à nos problèmes, et elle doit dans son école nous enseigner à vivre et à soulager nos maux, à être guéri par Elle.

Cet ouvrage est une contribution parmi tant d'autres que nous, deux élèves de l'école de la Vie, apportons comme solutions pour la résolution des problèmes complexes qui minent notre existence sur terre.

ABSTRACT

Seule dans les rues, is a clever mix of realistic and imaginary paintings; it allows to present what a person lives in his physical, spiritual dimension and at the level of his soul. Initially the novel is approached as a science fiction story but it is because it begins with the spiritual dimension of the human being because it is this which initially stores the effects before producing the consequences on the physical level. We introduce our parts by a questioning in order to privilege the influence of the psyche on the behavior of the individual which is none other than a consequence. The answers are discovered by the reader in order to accompany the main character in his inner healing process: search for adequate solutions; but in the end we will discover that this inner treatment protocol produced a positive effect in the life of our main character.

Keywords : soul; psyche; human being ; science fiction; treatment ; interior; life ; healing

RESUME

Seule dans les rues, est un savant mélange de peintures réaliste et imaginaire ; il permet de présenter ce que vit une personne dans sa dimension physique, spirituelle et au niveau de son âme. Initialement le roman est abordé comme un récit de science-fiction mais c'est parce qu'il commence par la dimension spirituelle de l'être humain car c'est elle qui emmagasine initialement les effets avant de produire les conséquences sur le plan physique. Nous introduisons nos parties par un questionnement afin de privilégier l'influence du psychisme sur le comportement de l'individu qui n'en est autre qu'une conséquence. Les réponses sont découvertes par le lecteur afin d'accompagner le personnage principal dans son processus de guérison intérieur : recherche de solutions adéquates ; mais à la fin nous découvrirons que ce protocole de traitement intérieur a produit un effet positif dans la vie de notre personnage principal.

Mots-clés : âme ; psychisme ; être humain ; science-fiction ; traitement ; intérieur ; vie ; guérison

SOMMAIRE

INTRODUCTION

Dans le monde de nos jours plusieurs circonstances peuvent nous pousser à vivre une situation d'inconfort ou une sensation de gêne qui nous amène volontairement ou pas à se retrouver dans la rue : guerres, cataclysmes, exiles politiques, refuge en brousse ou dans d'autres pays ; tout ceci nous amènerait ainsi à nous considérer *seul*. La solitude, souvent aussi caractérisée par l'expression *être dans la rue* ne se limite pas seulement à ces cas cités ci – haut. Elle englobe aussi des personnes licenciées, excommuniées des communautés religieuses, exclus des rangs d'un mouvement politique ou d'une association, divorcées pour le cas des femmes ou chassées d'un domicile.

La solitude dans les rues est un cas aggravant de cet état car il y'a un risque de déviance sociale, déviance des mœurs et déviance dans le comportement ; raison pour laquelle dans la confusion et la suspicion de solitude il faudra commencer par un questionnement :

Suis – je seul (e) pendant mes célébrations ?

Qu'est – ce qui m'arrive ?

Quelle est mon attitude avec les autres, et sans les autres ?

Quel est l'état de mon homme intérieur ?

La première intention de la société face à une personne qui se sent anormale c'est l'hôpital afin de faire un diagnostic pour savoir qu'est – ce qui est arrivée à la personne. Mais peut –on parler de solitude face à l'attention de la société, dans ses institutions, vis – à – vis d'un individu ?

Suis-je seule ?

Diverses situations successives confuses ou ambiguës sur les plans physique, psychologique, financier, sentimental, émotionnel, etc. nous poussent généralement à nous imaginer ou nous sentir être seul (e). Mais, qu'en est – il réellement ?

Au réveillon de noël

Le réveillon de noël chez Akena était déjà une tradition depuis plus de vingt – ans car c'était l'occasion de regrouper famille, belle – famille, amis, voisins et collègues autour d'une même table.

A chaque célébration, les tâches étaient répartie par elle mais, elle se rassurait que chacun faisait exactement la tâche qui lui était allouée. Cette année, ses sœurs et belles – sœurs avaient déjà apprêté la salle, l'extérieur et le buffet étaient prêts quand son mari l'appela d'un ton inhabituel « Akena ! », elle sursauta du canapé où elle s'était affalée et il lui dit « tu m'as fait peur, quelle est cette posture au salon ? Es-tu malade, chérie ? ». « Non, c'est plutôt toi qui m'a effrayé, tu ne m'as pas secoué comme d'habitudes ». Akena regagna l'extérieur avec des bouteilles de whisky, du vin, de l'eau pour garnir les tables ainsi que la table de l'apéritif.

Les hôtesses du HCM (Happy Class Mannequin)[1], groupe d'un ami à son mari, s'étaient déjà positionnées dans la concession pour accueillir les convives et tenant un micro l'imprésario de la soirée vêtu d'une tunique anglaise, costaud avec un très gros ventre commençait à faire rire ceux qui étaient déjà là avec des histoires du fou-rire ; par la suite toujours de l'équipe du HCM[2], la « reine » comme on l'appelait coordonnatrice des hôtesses donnait les dernières instructions. Vi de son petit nom était appelée reine car dans le HCM[3] elle était l'ombre du leader, imprésario de la soirée : amis, amant, concubins, collègues, …, bref il y'avait un lien très fort entre les deux.

Le réveillon débuta à vingt – trois – heures car il fallait attendre tous ceux qui étaient dans les églises et autres lieux de culte célébrant l'enfant Jésus d'être des nôtres ; mais en général ils arrivaient quand plusieurs « avaient déjà pris de l'avance » selon l'expression signifiant presque être saoul. Il s'acheva à trois-heures du matin car il fallait se reposer pour les célébrations du 25 Décembre dans les églises et lieux de culte, pour certains, ou préparer le repas dans chaque famille restreinte. Ceux qui n'étaient pas satisfaits par la quantité d'alcool ingurgitée se dirigeaient vers les snack-bars et boites de nuit, ou encore allaient honorer à d'autres invitations.

---

[1] Le HCM (Happy Class Mannequin) du nom de son promoteur est un groupe qui s'occupe de l'organisation des mariages et cérémonies

[2] Op. cit.

[3] Op. cit.

Les filles du HCM[4] parties, toutes celles qui ont assisté Akena pour la préparation dispersées, car parfois emportées par l'alcool, elle se retrouva seule avec ses filles et son mari face à plus de deux mille cinq cents objets à laver, nettoyer et ranger. Ne pouvant retenir ses employés de maison, ou du bureau, elle se retrouvait assistée par ses filles voulant aussi sortir avec des amis, son mari harcelé par des convives voulant qu'il les raccompagne à leurs domiciles respectifs pour éviter agressions ou accidents.

A cinq-heures du matin Akena se retrouva seule au four et au moulin ; accompagnée de ses chiens de garde lâchés pour lui tenir compagnie et profiter aussi de la fête car ayant beaucoup de restes de plats à consommer.

Le sommeil de l'après-midi a été bénéfique à Akena car sans lui elle se serait retrouvée en train de casser des plats ou se blesser. Ce n'est que vers huit-heures du matin qu'elle réussit à mettre de l'ordre totalement dans cette grosse concession avec l'arrivée des absents de la veille venus pour prendre les restes de nourriture et obligés de l'aider pendant qu'elle faisait leurs paquets.

« Je ne sais comment je me suis retrouvée au lit » s'exclama Akena, en riant après un autre réveil brusque à dix-heures par les aboiements des chiens qui lui signalaient l'arrivée de son mari et ses filles. Elles ont demandé que leur père aille les chercher afin de payer une facture consommée en trop. A leur arrivée c'est encore un tohu-bohu qui s'installe car tous enivrés de joie souhaitaient joyeux noël avec pleins de câlins et réclamaient en plus le petit-déjeuner pour atténuer la fatigue.

« J'ai dormi seule un réveillon de noël ! », s'exclama de nouveau Akena. Elle essaya de justifier dans mon fort – intérieur les actes des uns et des autres pour les excuser intérieurement, quand à douze-heures les anciens de l'église l'appelèrent pour lui demander si c'était elle la cause de l'absence du pasteur principal à l'église. Son mari était président d'église et bien que généralement en voyage seul ou avec elle, il devait assister au culte dans au-moins une église locale, bien que toute la nuit il l'ait passé avec les pasteurs et quelques fidèles mais cette église locale proche du domicile attendait l'arrivée du Président et s'était préparée à cet effet.

[4] Ibid. p 3.

Ils devaient se rendre tous en famille à la réception offerte par cette église locale comme surprise et cadeau de noël à leur Président. Le Président et ses filles étaient endormis fatigués et il fallait les réveiller et préparer des tasses de café pour honorer à cette invitation.

En trente minutes, elle prépara le café pour leur réveil, choisit des vêtements pour chacun avec des chaussures, et donna à chacun d'eux dix minutes pour occuper l'une des cinq salles de bain de la maison afin qu'ils ne soient pas ridicule.

A la Saint-Sylvestre

Une semaine après le réveillon de noël, c'est la Saint-Sylvestre. Plusieurs églises passent ce moment dans la prière et le jeûne selon les instructions données par la direction de l'église. Pour s'excuser de son comportement pendant le réveillon de noël, son mari prit un jeûne de sept jours, afin de traverser cette période dans la prière et le recueillement. L'église devait l'accompagner avec un jeûne de trois jours ce qui a été fait.

A la maison, ses filles ont soutenu leur père pendant les sept jours de jeûne ainsi que leur benjamin qui était en congés de noël chez sa grand-mère et n'a pas pu honorer de sa présence pendant le réveillon.

A la Saint-Sylvestre, toutes les églises locales et du district ont insisté qu'elles enverraient une délégation venir rompre le jeûne avec nous, et, il fallait de nouveau organiser une fête chrétienne sobre à cet effet; le nombre de convives était le triple de celui du réveillon de noël. En plus de la vaisselle, il fallait apprêter une literie pour près de 100 personnes avec des lits picots pliables à moustiquaires intégrés pour que même la cour soit occupée si la grande salle de fête de notre concession devenait étroite. Les 10 toilettes externes de la grande salle de fête n'ont pas pu être bien exploitées car il y'avait moins d'hôtesses que pendant le réveillon de noël. Les élèves devant rentrer très tôt pour reprendre l'école le trois du mois de janvier, mes filles devant regagner leur lieu de travail, leurs études et leurs foyers avant la date de rentrée scolaire pour aller récupérer leurs enfants chez leurs grand-mère, la cours et la concession de ma maison se vida en un clin d'œil et il ne resta que mes employés de maison qui vint à la rescousse. Débordés par le travail car à la lessive, il fallait ajouter ménage, rangement, etc. Dix-sept-heures : leur heure de départ, arriva pendant qu'Akena était en plein rangement.

Son mari se confondait au personnel pendant le dur labeur et disparu avant leur départ sans faire signe. Ce n'est qu'au téléphone qu'il le lui signala étant sorti avec le personnel exempté les gardiens de nuits. Il était chez la gouvernante de la maison qui a demandé à son époux de l'inviter et il fallait qu'Akena s'apprête pour s'y rendre car le chauffeur était déjà là pour l'y emmener. C'est avec beaucoup de gêne qu'elle se décida de s'y rendre car sa maison étant encore en désordre bien que déjà propre. Elle ne tenait pas compte qu'elle payait des employés pour les tâches de la maison car voulait se rassurer à chaque fois que tout est en ordre et à sa place.

La réception chez sa gouvernante se termina tardivement et il fallait rentrer se reposer pour récupérer le lendemain avant la reprise du travail au bureau deux jours après.

Le poids du travail de la Saint-Sylvestre pesa sur Akena au point où elle voulut surseoir à ces fêtes car constatant que c'est pour le plaisir des autres et non du sien. Mais la Bible ne dit-elle pas qu'il y'a plus de bonheur à donner qu'à recevoir, de ce fait le bonheur et le plaisir pourraient-ils être dissocier ou vont-ils de pair ?

Le souvenir de cette Saint-Sylvestre fût rapidement oublié lorsque depuis son compte Facebook, à partir des coups de fils et cadeaux envoyés par ceux qui étaient loin d'elle ou qui ne pouvaient se déplacer pour venir lui souhaiter joyeux anniversaire, Akena reçu plusieurs vœux car tous savaient qu'elle leur a toujours fait plaisir, Akena se décida d'organiser son anniversaire et commanda des billets.

A mon Anniversaire

L'anniversaire d'un individu est une commémoration qui pour certains avait de la valeur à leur bas âge, car organisé et géré par d'autres personnes ; mais à l'âge adulte il faut s'y mettre soit même.

La distribution des billets commença la veille car livrés deux jours avant après beaucoup d'hésitation et la phobie du travail à abattre après la fête.

Son mari pour lui éviter le stress de la Saint-Sylvestre fit venir trois équipes : un service traiteur ; une équipe d'hôtesses de l'église ; et l'équipe des diacres qui se sont proposés d'assister la femme du Président.

Akena n'avait plus rien à faire ce jour-là si ce n'est de saluer ses convives, recevoir ses cadeaux et changer de vêtements. Son mari voulait qu'elle soit totalement libérée de toute contrainte organisationnelle car devant à chaque fois prendre des photos avec ses invités. L'organisateur de la soirée était son mari ; grosse erreur qu'il ne devait pas faire car son implication dans l'organisation faisait que sa femme à chaque photo ait à le chercher ou soit obliger de se filmer seule. Tout enthousiaste et motivé à faire plaisir à sa femme, la soirée fût clôturée autour de cinq-heures du matin car il était prudent que les uns et les autres non véhiculés rentrent au petit matin afin de ne pas se faire agresser.

A l'ouverture de la cérémonie, son mari lui commanda un gros gâteau avec des roulettes et des feux d'artifice ; il avait environ deux mètres de haut et pour se poser il fallait bloquer les roulettes et le faire descendre jusqu'à une hauteur de un mètre et demi ; le partage du gâteau débuta une heure avant la fin des cérémonies mais la présentation du gâteau avec les feux d'artifice fut l'ouverture de la remise des cadeaux.

Après la remise des cadeaux, il fallait passer un moment de séduction dirigé par son mari et ensuite ce fût la prière, puis l'ouverture du buffet. Il était demandé, à Akena de ne rien faire ; elle était servie et traitée comme une reine. Pour une femme qui adore être en mouvement pour elle bien que relaxant mais cela avait l'air d'une prison. Elle qui aime servir était servi et se sentait étrangère chez elle pendant ce moment car n'avait le droit de ne rien toucher.

A la fin du buffet, elle était conduite dans sa chambre pour se changer et revenir pour l'ouverture du bal avec son mari. La danse eu lieu pendant deux heures car c'était le moment pour les uns et les autres de s'éclater et après la danse ce fût un court instant de jeux de questions-réponses sur la Bible et la vie du couple à l'honneur.

Après le partage du gâteau il fallait passer une à deux minutes avec chaque invité de marque d'après un protocole et ensuite aller se reposer. Son mari était chargé avec ses équipes de tout remettre en ordre pendant une à deux heures après la fête en attendant l'arrivée du photographe avec les photos et les vidéos. Il regagna le lit conjugal autour de deux heures du matin trouvant sa dulcinée endormie et lui dans la fatigue il s'assoupit jusqu'au matin.

Ce n'est qu'au réveil qu'Akena voyant son mari couché avec les vêtements de la soirée après un dur labeur regarda les photos et vidéos apportées la nuit par les photographes et, constat amère, bien que son mari ait réussi à lui organiser une si belle et grande fête, il apparait à peine sur quelques photos et sur moins de dix minutes de vidéo auprès d'elle ; ajouté à son absence auprès d'elle à son couché.

Quelle solution devra trouver Akena et son mari car leurs efforts ne règlent toujours pas les problèmes de solitude d'Akena car concept très complexe en fonction des goûts, appétits, psychisme et de la compréhension des uns et des autres.

Quel juste milieu doit être trouvé entre l'organisation des fêtes, la présence ensemble en public et la satisfaction réelle des uns et des autres selon leurs fantasmes, leurs psychismes, leurs goûts et appétits ainsi que la psychologie de chacun ?

A mon mariage

Cela faisait déjà vingt-cinq ans qu'Akena et son mari étaient mariés. Il fallait célébrer les noces d'argent de leur couple. Pour ne plus se retrouver dans les situations où les efforts des uns et des autres s'excluent mutuellement avec les envies, où le désir d'être ensemble en public s'oppose au contrôle ou à la coordination des activités ; L'église a demandé à son Président qu'elle organise ses noces d'argent et il lui est demandé de prendre sept jours de lune de miel avec Akena.

Il fallait, dans les emplois du temps des uns et des autres, isoler cette période et faire une réallocation des tâches pendant leur absence afin de ne pas créer un chao. Chacun d'eux prit deux jours pour s'organiser et ensuite il fallait partager ensemble les résolutions communes puis communiquer aux différents intervenants leurs nouveaux emplois du temps. Le couple confirma à l'église une semaine après leur proposition d'organiser le mariage de leur Président, l'accord du couple.

L'église a pris en main les formalités administratives et toutes les réservations, préparations des sacs et mise en place de deux comités un au départ et un à l'arrivée à l'aéroport de destination ; puis inversement pour le retour après les sept jours. Le lieu réservé était le *centre touristique des chutes de Niagara aux Etats-Unis*. Le départ eut lieu un dimanche après un culte d'au revoir dans l'église de maison la plus proche de l'aéroport de départ. Enfin Akena pouvait avoir son mari pour elle seule. Mais il fallait attendre être à destination car dans l'avion ce n'est pas la grande intimité à moins de louer un jet privé, en plus étant dans les airs vaudrait mieux être en prière pour le bon déroulement du voyage pour éviter tout risque.

A l'arrivée à destination, le couple présidentiel de l'église a été reçu par le comité prévu à cet effet, et il fallait avant de se retirer dans leur suite assister à une réception et un culte d'actions de grâce pour leur visite auprès de leurs membres des Etats-Unis. Le voyage mis en tout plus de quatorze heures avec les escales et couplé à la cérémonie d'accueil. Ce n'est qu'au petit matin que le couple intégra sa suite. Akena et son mari pris toute une journée pour récupérer physiquement de la fatigue du voyage et prière l'église locale de leur accorder une retraite privée de trois jours. Ce qui fût observé.

Curieuse de découvrir le site touristique où ils se trouvaient, Akena proposa à son mari des sorties en fin de matinée et début d'après-midi afin que les repas soient respectés, ainsi que le repos. L'envie de découvrir, de visiter, de marquer l'histoire pris le dessus à un moment donner sur le désir d'être ensemble mais le repos à deux comblait cela à chaque fois.

A la fin des trois jours de retraite personnelle, le couple présidentiel devait honorer les églises locales pendant deux jours avant de faire ses valises pour rentrer dans leur pays de résidence.

Ce fut avec beaucoup de joie que chaque église locale eut le privilège de revoir son Mentor et cela n'a pas toujours été aisé de se séparer de leurs parents spirituels. Mais, il fallait retourner à leurs occupations et dans leur pays ; donc avec l'aide du comité d'accueil mis en place à leur arrivée, chaque église envoya des présents aux églises du pays de leur Mentor et les bagages au retour furent dix fois plus nombreux en voie aérienne et par bateau ce fut un conteneur de Bibles, cadeaux et vêtements à distribuer qui fut mis en route après leur départ.

A l'annonce aux églises du pays de leur Mentor du grand nombre de cadeaux envoyés ainsi que des aides financières, l'aéroport et les églises locales devant accueillir le Président à son retour furent bondés de monde. Il y'eut à nouveau deux à trois jours sans repos pour le couple et il fallait à nouveau prendre une retraite privée de deux jours avant de reprendre ses activités au quotidien.

Akena n'avait jamais vécu cela et à l'annonce par son mari de la future croisade, elle s'impliqua avec lui totalement. Mais chacun devant préparer la croisade dans des pièces individuelles et séparées pendant plusieurs semaines.

A mon baptême

Malgré sa fidélité, son amour pour son mari, Akena après son baptême par immersion n'a pas été baptisée dans le Saint-Esprit. Cette situation la tracassait un peu car elle se forgeait dans la tête l'idée que la femme d'un pasteur de haut rang comme son mari, Président d'une église dans plusieurs pays du monde, ne puisse pas exercer certains charismes liés au baptême dans le Saint-Esprit. Elle fit trente ans dans la foi chrétienne comme pentecôtiste mais ne réalisa jamais cette merveille. Comme plusieurs, elle se disait qu'elle prie en langue donc elle est baptisée mais il n'en n'était rien de tout cela. Son mari organisait même des séances de baptême dans le Saint-Esprit mais malgré l'accompagnement dans les prières dites en langue dans la foule, elle réalisait qu'il lui manquait quelque chose, que ce qu'elle faisait était une routine et non un débordement d'Esprit Saint.

Deux mois après sa lune de miel des noces d'argent, il y'eut une croisade avec jeûne et prières clôturée par une séance de baptême dans le Saint-Esprit. Ce fût lors de cette cérémonie religieuse qu'Akena fût revêtue de la puissance d'en haut et fût totalement transformée. Ce jour, Akena n'eut plus besoin après la sortie du culte spécial de baptême dans le Saint-Esprit d'attendre son mari et le protocole qui les accompagne généralement.

Akena se trouva pleine évangélisation dans la rue desservant l'entrée du siège de leur église et continua seule jusqu'à son domicile évangélisant, distribuant les quelques traités évangéliques à sa disposition et conduisant des âmes à la repentance ; cette fois elle était dans une solitude joyeuse car fier de conduire des âmes à la repentance et à la conversion à Jésus-Christ.

Sans s'en rendre compte c'est à dix-huit heures lorsque son téléphone sonna qu'elle se rendit compte qu'elle avait passé plus de trois heures à évangéliser ce jour et de retour à la maison dans la joie, sa joie fût plus comble quand elle découvrit le magnifique cadeau que son mari lui avait réservé avec quelques invités membres du bureau exécutif national de leur église.

Qu'est-ce qui m'arrive ?

Assise devant le Médecin, elle lui expliquait la raison de sa déprime après plusieurs constats faits dans sa vie de chaque jour.

Seule avec les autres : incompatibilité d'humeur, introversion, comportement, etc.

Le regard d'autrui est toujours coupable et l'interprétation de ce regard est variable. Plus ce regard est suspect, plus il y'aura méfiance, dédain, incompatibilité d'humeur, etc. La vie en société est faite de plusieurs compromis qui doivent consenties d'un commun accord au niveau de chaque intervenant dans la société ; mais la société n'est pas toujours parfaite ou façonnée selon notre idéal, notre philosophie, notre éducation, notre intelligence ou nos aspirations. De ce fait, malgré la présence des autres, nous pouvons nous retrouver seuls.

Le virtuel a envahi le monde, la présence humaine n'est plus nécessairement caractérisée par une présence physique ; d'autres éléments comblent notre psychisme : la voix, l'image, la vidéo, un objet fréquemment utilisé, une idée véhiculée ou une institution créée ou influencée. La présence de l'autre n'est plus palpable mais vérifiable ; elle n'est plus évidente mais démontrable. On peut bien être dans une salle de bain et communiquer avec celui qui est dans la chambre, de la même manière que de l'autre bout du téléphone la voix de l'autre nous donne une sensation de satisfaction quant à la présence.

La solitude avec les autres n'est pas uniquement cette solitude accompagnée d'une présence physique démontrable mais absente car celle – ci ne pose pas trop de problèmes puisque évidente. Elle n'affecte pas nos émotions, pensées et psychisme puisque le vide du moi est comblé par le surmoi. Celle qui fait l'objet de cette section c'est celle issue du surmoi c'est elle qui affecte le plus nous et notre entourage car elle nous rend malade et cette maladie se contamine tout autour de nous. En générale elle est provoquée par une incompatibilité d'humeur, l'introversion ou la différence de comportement.

Akéna avait un mari qui à cause de sa charge pastorale, était toujours souriant en public, pendant que sa femme était toujours anxieuse du succès des évènements ; ceci amenait son mari à méprendre cette attitude mais ne pouvant se libérer en public, il attendait le départ de tous les invités. Elle par contre fière de rester seule avec son mari était désagréablement surprise de constater qu'il déversait sa colère sur elle. Toute confuse avant de lui demander des explications elle se retrouvait dans un carrefour entre la joie et la mauvaise humeur ne sachant quel chemin emprunter car celui qui l'attirait était de mauvaise humeur et l'éloignement de son mari lui faisait perdre la joie.

Akéna définissait plus son idéal dans sa tête au lieu de l'exprimer car elle craignait être maladroite, mal vue ou mal jugée. L'introspection était un de ses principaux caractères et ce caractère l'amenait à être toujours en déphasage avec les autres car le temps qu'elle prenait pour se plonger dans le bain de l'ambiance des autres était influencée par sa capacité de se libérer mentalement. Pendant que sa gouvernante et elle servait le café aux pasteurs venus rendre visite à son mari très tôt avant le culte du dimanche matin, elle était en train de réfléchir sur la préparation rapide qu'ils doivent faire après le départ de ces convives car son mari et elle devant faire la prière d'invocation au début du service. C'est à peine qu'elle entendait les félicitations que lui adressaient les invités pour le merveilleux déjeuner quand subitement elle devait les ramener à l'ordre en disant qu'il ne faut pas faire attendre Dieu et faire pécher leurs dirigeants à cause du repas.

Le comportement d'Akéna pour ceux qui ne la connaissait pas était parfois frustrant au point de ternir tout le bon service qu'elle offrait à ses convives mais pour ceux qui connaissaient ce comportement, c'était une phase connue de la réception qui ne manquait jamais et pour eux cela était transcendé par un petit sourire et une appellation respectueuse pour l'apaiser : « maman ». Cette appellation de ses enfants les plus proches l'amenait toujours à réagir en disant « ah bon, je suis alors votre folle » pour marquer le constat de différence de comportement mais sachant qu'elle était une mère affectueuse pour ses enfants, le mot « maman » lui faisait oublier le reproche qui l'a mis hors d'état bien que se contenant.

La solitude issue du surmoi bien que plus forte et plus intense que celle constatée au niveau du moi, celle constatée au niveau du moi à long terme provoque un vide au niveau du sa qui quand il n'est pas contenu crée une solitude provoquée ou déclenchée.

Seule parce que, abandonnée (solitude provoquée ou déclenchée)

L'abandon a une double ou une triple dimension :

Au niveau du surmoi on peut développer une sensation d'abandon dans notre psychisme ; le manque d'équilibre psychique va provoquer une sensation d'abandon qui doit être résolue psychologiquement. Mais parfois les pathologies psychiques se traitent au-delà de la conception mentale mais au niveau de l'assouvissement du besoin par une libération et une relaxation nerveuse ou musculaire.

En général, le surmoi enregistre les signaux issus du moi, qui en cas d'absence physique, informe le surmoi qui essaie de pallier à cette situation. Quand le surmoi se rend incompétent et n'arrive pas à résoudre le problème de solitude physique, en plus que nous avons vu plus haut que la solitude physique ne se limite pas au physique en tant que présence humaine visible, mais en tant que présence humaine satisfaisante. La satisfaction est donc l'un des facteurs les plus primordiaux du constat d'une situation de solitude ou pas.

Le *ça* est le responsable de la satisfaction dans le principe d'équilibre psychique si le surmoi a été défaillant. L'assouvissement d'un désir, la satisfaction d'un besoin, la libération ou la relaxation nerveuse permettent d'éprouver la sensation d'être rassasié et de ressentir la présence de l'autre, de ne pas se sentir seul. Les sensations sont en général de courte ou de longue durée ; quand une sensation est de courte durée nous devons lui appliquer le même procédé de satisfaction qui a produit la sensation et quand cela est impossible, nous faisons face à *une solitude déclenchée ou provoquée* qui devient une pathologie car sa satisfaction sera difficile. Certains recherchent l'assouvissement des sensations ou les relaxations dans l'alcool, d'autres dans les drogues, d'autres dans les voyages, d'autres dans la vie de débauche, … tous ces moyens pour se libérer ou se relaxer sont des palliatifs. Il faut pouvoir trouver un procédé qui provoque des sensations de longues ou très longues durées.

Où trouver cette sensation de très longue durée pour nous assouvir, nous relaxer ou nous épanouir ?

Certains la recherche dans les églises. Ceux qui sont dans les églises la recherche parfois dans l'argent ou dans le mariage. Ceux qui sont mariés la recherche parfois dans la souffrance de leurs conjoints ou dans le sport. Chacun essaie de créer son idéal et c'est dans cet idéal qu'il trouve cette satisfaction mais il faudrait que cet idéal soit durable ; or la Bible déclare « vanité des vanités, tout est vanité ». En dehors de Dieu, toute inspiration est vaine ; la fréquentation de l'église ne pourra pas satisfaire si la présence de Dieu par le Saint-Esprit n'y est pas. Et pour que cette présence soit, il faut à tout prix invoqué le pardon de Dieu en Jésus-Christ de manière réelle et sincère.

Seule parce que, non insérée dans un groupe ou dans une société (Solitude par exclusion)

Akéna à l'hôpital est orienté aux urgences. Je vais la suivre durant quatre semaines, à raison d'une fois tous les trois jours.

Lors des premières rencontres, elle refuse de s'asseoir et reste près de la porte, prêt à se sauver en cas de danger ; mais quel danger redoute-t-elle ? Elle n'a même pas pu reconnaître son fils. Le premier est la peur de se trouver en face d'un professionnel qui lui imposerait une thérapie alors qu'elle n'en a pas formulé la demande (ce qu'elle a déjà vécu). Le deuxième est qu'elle vit depuis trois mois dans une extrême solitude après le décès de son mari et qu'elle trouve suspect que l'on s'intéresse à son sort. Elle en a fait le deuil et s'est retirée dans sa résidence, un duplex isolé au milieu d'un hectare de terrain. Akéna se comporte comme une bête traquée et reste méfiante à l'égard de tous ceux qui tenteraient de lui venir en aide : elle n'a pas de demande. Sa première question est : « Qu'allons-nous faire ensemble ? » Faire est un verbe actif, or Akéna n'a plus d'activité, hormis la lecture, activité solitaire qu'elle ne peut partager, n'ayant plus son compagnon de vie. La situation est alors difficile, car comment tisser du lien alors qu'Akéna n'attend plus rien ?

Ce n'est pas dans un premier temps une réponse au verbe d'action qu'elle met en avant, mais sa passion pour la littérature lui permettant de survivre, ce qui sera notre premier point d'accroche. Puisqu'elle aime lire, son dernier fils aborde toujours avec elle littérature ! Pour Akéna, parler de cette passion à un interlocuteur qui se réjouit avec elle dans les échanges est un premier pas vers le retour d'un sentiment d'existence (elle peut intéresser l'autre) et de droit à débattre (elle a des idées et des connaissances qu'elle peut partager) : elle recommence à se sentir utile et retrouver la « maman » serviable et attentionnée qu'elle était.

Seule par divergence de vision sur le plan professionnel (Un emploi après un autre et le désir de la perfection)

Divergence stratégique : tel est le motif du licenciement figurant sur la lettre qui m'a été adressée en recommandé avec accusé de réception. Divergence de point de vue exprimée ouvertement, certes, sur le choix d'un nouvel outil informatique de gestion pour cette banque de 500 salariés et quelque 10 000 clients sur le territoire national. Mais divergence stratégique, le terme me semblait décalé, d'autant plus que les mêmes représentants de la direction générale me tenaient en parallèle un discours très positif : « Nous n'avons rien à vous reprocher, vous êtes un professionnel de grande qualité, apprécié de tous… le seul problème entre nous, c'est notre divergence stratégique en matière de futur système d'information de la banque ». Compte rendu que Junior le dernier né d'Akéna vint lui présenter après avoir passé cinq ans dans une entreprise française au Canada.

Revenons un peu plus en détail sur les faits. Que s'est-il donc passé pour en arriver là ?

« Je suis convoqué un lundi soir pour un comité de direction extraordinaire, programmé le jeudi soir de la même semaine. Le comité de direction est composé de six membres. Je suis le seul camerounais de celui-ci, les cinq autres membres étant des représentants de la maison mère. Le contenu de l'ordre du jour est tenu secret et nous sera communiqué par le directeur général. Je siège dans ce comité de direction au titre de mes fonctions de directeur de l'informatique et de l'organisation » : relata Junior à sa mère Akéna, puis continua.

Le jeudi soir à 19 heures, le directeur général prit la parole : « Nous n'avons qu'un seul point à l'ordre du jour, le futur système informatique de la banque, et un seul objectif, obtenir l'accord de Junior, directeur informatique, sur le projet de mise en place du futur système informatique de la banque. Nous lui demandons un engagement ferme sur le budget et le délai de mise en œuvre sous sa responsabilité. »

Junior pleurant devant sa mère, lui signifia ce qui suit :

Il m'était demandé très concrètement de signer un document engageant toute ma responsabilité dans la mise en œuvre d'un projet de refonte d'un système d'information dans un délai de 14 mois et avec une enveloppe budgétaire fermée de 29 millions de dollars.

J'ai refusé de signer ce document, en explicitant et argumentant le pourquoi de ma position, dans l'intérêt de l'entreprise avant tout. J'avais déjà préalablement développé ces mêmes arguments auprès de l'équipe de direction, en m'appuyant sur deux rapports d'expertise, mettant en évidence les limites de la solution préconisée par la maison mère. Le premier de ces rapports reposait sur différentes simulations effectuées par mes collaborateurs et moi-même, afin de chiffrer le coût d'adaptation de la solution proposée et le comparer à d'autres solutions du marché. Le second, réalisé par un cabinet de conseil agréé par la direction générale, conduisait aux mêmes conclusions : la lourdeur et donc le coût et le délai des adaptations fonctionnelles à apporter à la solution source pour couvrir les besoins d'une banque à réseau, dans un cadre réglementaire canadien (estimation de 60 millions dollars et de 26 mois de délai de conception et de mise en œuvre), la sous-estimation des budgets et délais par la maison mère en France (29 millions et 14 mois, à mettre en relation avec les coûts et délais estimés et consignés dans les deux rapports d'experts), la nécessité d'explorer d'autres solutions existantes de type progiciel bancaire ayant déjà fait leurs preuves sur le marché français.

J'ai donc refusé l'engagement qui m'était demandé, non pas par éthique personnelle ou envie de jouer les héros, mais simplement par déontologie et responsabilité professionnelle. J'aurais pu jouer la carte de la loyauté aveugle ou celle d'un autre jeu consistant à ne pas faire déplaisir puis de voir venir… J'ai choisi le refus, non sans une pointe d'humour avant que le directeur général ne termine cette réunion, en précisant que « celle-ci pourrait durer jusqu'au lendemain matin, au moment du petit déjeuner avec croissants, cela ne changerait rien à ma position ». Il n'y a eu aucun débat contradictoire ; aucun autre membre du comité de direction n'a osé prendre la parole ou « lever le petit doigt ». Je me suis retrouvé totalement isolé. Ce comité de direction extraordinaire a tourné court. A 20 heures, nous avions quitté la salle.

Vous devinez la suite. Il m'a été indiqué par le directeur général que celui-ci se rendait à la maison mère la semaine suivante et qu'au plus tard, le jeudi suivant, je serais fixé sur mon sort. Je suis effectivement convoqué par le directeur général le jeudi suivant à 19 heures. Il réitère ses compliments sur mes compétences et qualités professionnelles, mais revient rapidement sur la divergence stratégique qui nous sépare et conduit l'entreprise à se « séparer de mes services ». Il précise que compte tenu de l'absence de faute et donc de motif sérieux justifiant le licenciement, il accepte la négociation d'une transaction. Nous négocions les principaux termes de celle-ci, dans son bureau.

Je suis dispensé de présence physique dans l'entreprise, pendant toute la durée du préavis, c'est-à-dire trois mois, et ce, à compter du lendemain matin vendredi. Il m'est tout de même accordé, sur insistance de ma part, que je puisse repasser par mon bureau le vendredi matin pour récupérer mes affaires personnelles.

Ma surprise est de taille le vendredi matin, lorsque pénétrant dans mon bureau, je constate que mon siège est déjà occupé par celui dont j'apprendrai peu de temps après qu'il s'agit de mon remplaçant. Je demande gentiment à celui-ci de quitter mon bureau et de ne revenir qu'en début d'après-midi. Il est 12h30, ce vendredi ; je quitte l'entreprise où j'ai passé presque trois ans. 34 mois de bons et loyaux services, d'investissement sans compter.

En une semaine, mon sort a été réglé. Une histoire se termine, une page se tourne. Je suis viré, mais je suis libre, en paix avec ma conscience.

Mes ex-collègues m'ont donné régulièrement des nouvelles de l'entreprise, du projet. Celui-ci a abouti 27 mois plus tard. Il aura coûté 63 millions de dollars, d'après les chiffres qu'ils m'ont communiqués. Des chiffres très proches des prévisions effectuées par mes soins et par le cabinet extérieur dans son rapport d'audit. Sans doute avais-je eu raison trop tôt. La suite l'a confirmé. La maison mère a absorbé le surcoût ; elle a procédé à une réduction drastique des autres frais pendant cette période, en jouant sur la classique variable d'ajustement qu'est la masse salariale et donc les effectifs de la banque. Elle n'a sans doute pas calculé les coûts périphériques liés à l'obsolescence du système existant, avant la mise en œuvre du nouveau logiciel, une obsolescence qui a coûté en qualité, en clients… Bref, un bilan économique catastrophique.

Je n'ai nourri aucun regret, aucune amertume. J'ai rapidement tourné la page ; j'ai retrouvé un job dans les semaines qui ont suivi, en ayant le choix de plusieurs propositions, y compris en provenance d'entreprises prestataires ou partenaires de la banque, qui ont salué mon courage, la décision que j'avais prise, le refus. Qu'en aurait-il été, en cas contraire, deux à trois ans plus tard, après un échec cuisant ? La profession ne me l'aurait sans doute pas pardonné. Il est des refus qui préservent la suite d'une carrière professionnelle, l'avenir.

Akéna toute muette devant le récit de son fils, sanglota et lui dit « tout ceci n'aurait jamais eu lieu si ton père vivait encore.»

Les leçons de l'expérience

Les faits soulèvent trois questions majeures, à partir desquelles je propose de tirer quelques enseignements utiles. Quelle est la rationalité des processus de décision ? Jusqu'où doit aller la loyauté d'un cadre dirigeant ? Jusqu'où peut aller le silence complice des autres membres de l'équipe de direction ?

Commençons par les processus de décision. L'absence de liberté d'expression, de parole alternative, et donc de débat contradictoire prive l'entreprise de cette richesse qu'est la diversité des points de vue, l'interpellation, la confrontation des arguments, y compris le questionnement stratégique, tout ce qui lui permettrait de mieux appréhender la complexité des problèmes, des situations, des univers de gestion. La fermeture des dialogues a comme corollaire l'accumulation des non-dits, la simplification réductrice, l'absence de visibilité, de pluridisciplinarité, et donc la non maîtrise des risques de toutes natures. Tout cela conduit à prendre des mauvaises décisions.

C'est dans la construction des consensus, des compromis que se forgent des diagnostics et orientations partagés. C'est dans la confrontation organisée que s'ajustent et se précisent les mesures à prendre, et par voie de conséquence les décisions, que l'action prend sens, que les plans d'actions font l'objet d'une appropriation par les acteurs de leur mise en œuvre. C'est bien tout le processus de décision qui est questionné. Son mode de construction conditionne très étroitement la pertinence de la décision.

La possibilité de divergences pose alors la question de la loyauté du cadre dirigeant. Combien de fois n'a-t-on entendu : « c'est ainsi et pas autrement » ou encore « si vous n'êtes pas content, la porte est là-bas ». Autant de postures qui ferment le dialogue, esquivent tout débat et ne servent que l'ego exacerbé de quelques managers. Certes, lorsqu'une décision a été prise, après concertation, après débat, il est logique que les membres d'un comité de direction qui l'ont prise se sentent engagés dans la mise en œuvre. C'est le principe même de la position majoritaire, dans un débat démocratique, une règle du jeu de discipline collective. Encore faut-il qu'il y ait eu débat. La loyauté demandée aux cadres ne saurait être aveugle. La liberté d'expression, l'autonomie de parole sont la contrepartie de leur responsabilité et de l'autonomie croissante qui leur est demandée.

Mais la possibilité de s'opposer se joue aussi au sein d'un groupe, ce qui pose la question du silence des autres. La peur cristallise souvent les attitudes. Peur du licenciement, d'être mis à l'écart, au placard, de ne plus espérer de promotion… Ou tout simplement d'être mal vu, mal considéré, mal aimé. Il n'est pas aisé de dire non, de s'opposer. Oser une parole alternative, dans un environnement où la pensée unique fait loi, où l'autorité du patron ne saurait souffrir du moindre questionnement, où la loyauté doit être aveugle, où le mode de pilotage relève plus du modèle militaire que d'un pilotage par le sens de l'action, cela demande du courage, de l'audace. Bien peu de cadres dans ce contexte ont envie de jouer les héros. Ce ne sont pas de héros du reste dont l'entreprise a besoin mais bien de managers responsables. Le plein exercice de cette responsabilité va de pair avec la liberté d'expression, d'initiative. Le silence complice peut être source de bien des maux pour l'entreprise.

Mettre simplement ces questions en débat, interroger les processus de décision, la rationalité des critères de la prise de décision, c'est déjà apporter un début de réponse, provoquer le débat contradictoire. Pluralité d'expression, pluridisciplinarité, confrontation organisée, sont plus que jamais synonymes de diversité, de richesse, de valeur ajoutée pour l'entreprise, dans un monde devenu plus complexe, plus difficile à maîtriser. La formation initiale et continue des décideurs et futurs décideurs devrait mieux prendre en compte ces dimensions, à l'avenir.

Il faudrait enfin une meilleure évaluation des décisions prises, afin d'alimenter une réflexion collective pour déterminer et analyser les causes des échecs, remonter l'arbre des causes. Que vaut un engagement de la part d'un acteur qui ne rend pas compte, n'est pas ou jamais comptable des choix qu'il opère, en prenant en considération toutes les conséquences de ses choix, tous les coûts induits ?

Seule par combat entre la chair et l'esprit

Car la chair convoite contre l'Esprit, et l'Esprit contre la chair ; et ces choses sont opposées l'une à l'autre, afin que vous ne pratiquiez pas les choses que vous voudriez. (Gal. 5. 17)

LE COMBAT ENTRE L'ESPRIT ET LA CHAIR

La Liberté est l'une des caractéristiques de l'appel des enfants de Dieu, mais ce n'est pas la liberté d'agir selon sa propre volonté ; c'est **la liberté d'accomplir la volonté de Dieu**, en se servant l'un l'autre dans l'amour et en portant les fardeaux les uns des autres. La puissance permettant de conduire nos vies dans une telle liberté et en sainteté, c'est le Saint Esprit.

« Marchez par l'Esprit et vous n'accomplirez pas les convoitises de la chair » (Gal. 5. 16).

La Loi – c'est à dire ce que Dieu demande à l'homme animé par sa seule nature – ne donne à personne la force pour vivre selon la volonté de Dieu et pour résister aux convoitises de la chair. Nos bonnes résolutions échouent toujours, à cause de notre fragilité humaine.

La puissance nécessaire est l'Esprit de Dieu ; il n'y en a pas d'autre. L'Esprit et la chair, ces deux forces opposées, sont présents dans chaque croyant tant qu'il est sur la terre. Ils combattent l'un contre l'autre. Qui va gagner ? « Marchez par l'Esprit », nous dit l'apôtre, c'est-à-dire laissez-Le vous conduire, « et vous n'accomplirez pas la convoitise de la chair ».

Nous ne devrions pas tenter d'intervenir dans cette lutte, en combattant contre la chair. Nous en sommes totalement incapables. Mais si nous nous laissons conduire par l'Esprit de Dieu, selon sa Parole et par la prière, et sommes ainsi dirigés vers Christ, il en résultera que nous n'accomplirons pas les convoitises de la chair.

Les croyants ont reçu une nouvelle vie dont les inclinations sont en accord avec le Saint Esprit. Sous Sa conduite ils sont donc capables de suivre Christ comme il convient.

D'après « The Good Seed » octobre 2018

Genèse 16 : 6

Abram répondit à Saraï : Voici, ta servante est en ton pouvoir, agis à son égard comme tu le trouveras bon. Alors Saraï la maltraita; et Agar s'enfuit loin d'elle.
L'apôtre Paul, dans Galates 4:22-31, compare Agar à la chair et Saraï à l'Esprit. Ici dans le chapitre 16 du livre de la Genèse, nous voyons Abram aller vers Agar, c'est à dire vers la chair, après qu'il « eut habité dix années dans le pays de Canaan ».
Oh! Combien nous devons veiller, même après plusieurs années de vie en Christ !
Lorsque nous allons vers la chair, celle-ci produit la mort, la tristesse, l'angoisse et elle étouffe l'Esprit de Vie qui est en nous.
Elle méprise le Christ vivant et nous en subissons tous les outrages au point de nous sentir très mal.

Genèse 16 : 4-5
Il alla vers Agar, et elle devint enceinte. Quand elle se vit enceinte, elle regarda sa maîtresse avec mépris. Et Saraï dit à Abram : L'outrage qui m'est fait retombe sur toi. J'ai mis ma servante dans ton sein; et, quand elle a vu qu'elle était enceinte, elle m'a regardée avec mépris. Que l'Eternel soit juge entre moi et toi !

Lorsque le Saint-Esprit est attristé, nous le sommes aussi ! Quand il est écrasé, nous le sommes également ! L'outrage qui Lui est fait retombe sur nous ! De tels moments apportent tant de souffrances et nous nous écrions avec Paul :

Romains 7 : 24

Misérable que je suis ! Qui me délivrera du corps de cette mort ?

Mais nous voyons dans la réponse d'Abram, la solution et l'attitude à avoir face à une telle situation. Il dit à Saraï, qui représente pour nous aujourd'hui l'Esprit, la grâce: « *Voici, ta servante est en ton pouvoir, agis à son égard comme tu le trouveras bon* ».

Combien nous devrions faire de même, remettre le combat entre les mains de l'Esprit et lui dire: « Seigneur ! Cette chair qui doit arrêter de diriger les choses mais qui doit plutôt te servir, elle est en ton pouvoir ! Tu l'as vaincue à la Croix et tu as le pouvoir de l'assujettir ! Agis à son égard comme tu le trouveras bon! »

Paul nous promet que par l'Esprit nous pouvons faire mourir les actions du corps.

Romains 8 : 13
Si vous vivez selon la chair, vous mourrez; mais si par l'Esprit vous faites mourir les actions du corps, vous vivrez,

Dieu fut sans pitié envers la chair à la Croix, il triompha d'elle complètement, et aujourd'hui encore il veut et peut, par la réalité de la Croix, la traiter durement pour la tenir en bride !
Nous devrions, en la remettant au pouvoir de l'Esprit, la crucifier avec ses passions et ses désirs car c'est là ce qu'elle a subi il y a plus de deux mille ans et elle doit rester à sa place de crucifiée!

Une fois qu'Abram remit Agar sous le pouvoir de Saraï il est dit que « *Saraï la maltraita et Agar s'enfuit loin d'elle* ».

Oh ! Laissons l'Esprit de Jésus-Christ maltraiter notre chair en le laissant appliquer la croix à celle-ci ! **L'œuvre de la Croix a bien plus d'autorité et de pouvoir que tous nos efforts et bonnes résolutions !** Nous verrons alors les convoitises et les désirs contraires à ceux de l'Esprit fuirent loin de nous ! D'ailleurs « Agar » signifie « fuite » en hébreu. Face au triomphe de Christ, la chair ne peut que fuir !

Ce n'est plus à la chair de mépriser et d'outrager l'Esprit qui donne la vie et la paix, mais c'est l'Esprit qui veut maltraiter et faire fuir cette chair qui ne produit que mort et souffrances !

Que la Croix ne soit pas rendue vaine dans nos vies par notre indépendance et notre incrédulité ! Remettons-Lui le combat car Il a déjà vaincu à Golgotha.

Soumettons-nous donc à Dieu, résistons au diable et à la chair et ils fuiront loin de nous !

Jacques 4 : 7

Soumettez-vous donc à Dieu; résistez au diable, et il fuira loin de vous.

Frères et sœurs, nous n'avons aucun pouvoir en nous-même, mais Lui en nous a le pouvoir de « *s'assujettir toutes choses!* » (Philippiens 3:21) car Il a triomphé une fois pour toutes ! Remettons donc la chair sous Son pouvoir et laissons-Le agir comme il lui semble bon ! C'est alors que nous serons toujours victorieux en Christ !

2 Corinthiens 2 : 14

Grâces soient rendues à Dieu, qui nous fait toujours triompher en Christ, et qui répand par nous en tout lieu l'odeur de sa connaissance !

Comment suis – je arrivée à l'hôpital ?

Trouvée dans la cage des gardiens, couchée à même le sol, toute fatiguée, affaiblie et n'ayant pas pu regagner ses appartements depuis une heure ; un de ses voisins qui observait ses mouvements au quotidiens constatât qu'elle ne sortit pas de cette cage des gardiens pour emprunter les escaliers de ses appartements après la fuite du jeune homme qui la transporta chez elle à cause de la fureur de ses chiens. Il appela les sapeurs qui forcèrent la porte de la salle où elle se trouvait car autobloquante de l'intérieure.

Couchée sur le brancard et transportée par les pompiers

Une réglementation au service des personnes

Il s'agit de pouvoir transporter une personne couchée sur un brancard depuis la porte palière de son logement jusqu'au véhicule de secours. C'est donc une question de sécurité.

Les points à risques

- L'articulation escalier/circulation commune : la difficulté se situe au passage de la porte de communication ;
- La présence de gaine technique dont la réalisation est plus ou moins fidèle aux plans (réduction des largeurs de passage);
- Le garde-corps ou cloison filant sur toute la hauteur de l'escalier, ce qui interdit la possibilité d'empiéter sur le vide de l'escalier (volée droite);
- La possibilité de débattement de portes (portes à 2 vantaux notamment) qui entraîne une réduction de passage dans les circulations communes.

La réglementation au service des personnes et les points à risques sont des dispositions habituelles que prennent les pompiers afin de garantir la qualité de leur service aux personnes en danger.

C'est en moins de trente minutes après le coup de fil des voisins que les pompiers ont pu pénétrer dans la maison et faire sortir Akéna, car aux cris incessant et aboiements de ses chiens en l'absence ce jour de son gardien car permissionnaire, les bêtes ont vu l'état de leur maîtresse et par instinct animal, elles n'ont pas pu se retenir ; ne pouvant rien, elles ne pouvaient que crier et aboyer.

Akéna a été transportée dans l'ambulance toute inconsciente et à l'insu des tous ses proches qui étaient sortis pour une invitation de groupe à laquelle, elle ne prit pas part car voulant prendre de l'air dans les rues avec ses deux chiens de compagnies parmi les quatre que comptaient sa concession.

Dans l'ambulance[5]

Une **ambulance** est un véhicule automobile spécialement adapté et aménagé pour permettre le transport des personnes malades, blessées ou parturientes (femme sur le point d'accoucher) vers un établissement hospitalier (public ou privé) — hôpital ou clinique — ou une unité de soins spécialisée (par exemple : soins de suite ou rééducation et réadaptation fonctionnelle).
Une ambulance dispose généralement du matériel nécessaire à la surveillance des constantes vitales et aux premiers soins des blessés.
Dans la plupart des pays, les ambulances sont des véhicules prioritaires au regard des règles du code de la route.

Histoire

En 1792, le médecin français Dominique-Jean Larrey crée le concept de chirurgiens de l'avant, de triage des blessés et d'ambulances volantes.
Durant la Première Guerre mondiale, une ambulance est un poste de secours avancé au plus près du front et capable d'accueillir des soldats blessés pour les premiers soins avant leur évacuation vers un hôpital militaire de campagne. Par extension, on utilise à cette époque le terme d'« ambulance » pour le véhicule tracté par un attelage et chargé du transport de ces blessés du poste d'ambulance vers l'arrière, puis celui d'« ambulance automobile » lorsque se répandent les véhicules à moteur.
Par la suite le terme ne désignera plus qu'un véhicule destiné au transport des blessés, malades ou parturientes.

Plus récemment, on a aussi utilisé le terme d'« ambulances vertes » pour désigner des laboratoires mobiles d'analyse susceptibles d'être dépêchées sur le lieu d'un accident ou d'une pollution ou chez un particulier pour faire un diagnostic environnemental de la situation et éventuellement initier de premières actions.

Akéna retrouva son pouls d'après les dires des ambulanciers après les soins intensifs à l'intérieur de l'ambulance car ce fut les nouveaux véhicules achetés par le Cameroun pour la cause et doté de tout le nécessaire pour éviter de perdre les patients avant d'arriver à l'hôpital.

[5] Source : Wikipedia

Accueillie aux urgences de l'hôpital[6]

L'accueil et le traitement des urgences est une mission confiée aux hôpitaux qui proposent une démarche diagnostique, un projet thérapeutique et assurent un suivi. Un service d'accueil des urgences (SAU) reçoit et prend en charge vingt-quatre heures sur vingt-quatre, toute personne se présentant en situation d'urgence médicale ou chirurgicale. La place d'une telle structure est primordiale : elle accueille tous les citoyens dont l'état de santé nécessite rapidement un avis quand ce n'est pas une intervention médicale. Plaque tournante de l'urgence médicale, c'est là que se réalise le tri entre les patients requérant immédiatement des soins et les patients dont les soins peuvent être différés.

Le SAU est une des portes d'entrée de l'hôpital. C'est là que la nécessité d'une hospitalisation peut être affirmée. Les admissions directes sont un autre moyen d'être admis. Elles concernent des patients chroniques ou en fin de vie, déjà connus d'un service et qui ne nécessitent pas une expertise de novo au niveau du SAU. Pour ceux-ci, le principe de la ré-hospitalisation est acquis d'avance dans certaines circonstances, en particulier en cas d'aggravation, d'échéance d'un traitement ou d'un bilan récurrent. Enfin les patients dont l'état de santé relève d'une autre spécialité peuvent être mutés d'un service à un autre.

L'activité d'un hôpital se décline entre les soins non programmés assurés par le SAU et les soins programmés assurés par le reste de l'hôpital. L'équilibre entre ces logiques dépend de la bonne compréhension qu'en ont les acteurs de l'établissement de santé, de leur acceptation de travailler en collaboration les uns avec les autres, mais aussi de décisions managériales. Cet équilibre est toujours et partout difficile à instaurer puis à gérer.

Akéna n'eut pas de problème de prise en charge car connu de tous dans la ville pour ses bonnes œuvres, et faisant partie de l'une des familles les plus importantes de leur ville, ce sont les infirmiers qui alertèrent ses proches ainsi que l'église qui se retrouva sur les lieux avant l'arrivée de l'ambulance pour ceux qui habitaient près de l'hôpital où elle fût intégrée.

[6] https://www.rapport-gratuit.com/

Dans le couloir de l'hôpital

Le couloir de l'hôpital se trouva en moins de trente minutes bondé de monde qui paniquaient, pleuraient, ou étaient tout simplement dans la prière attendant voir le passage d'Akéna sur le brancard à la sortie de l'ambulance.

En salle de soins intensifs[7]

Une **unité de soins intensifs** ou **USI** (en anglais, *intensive care unit* ou *ICU*) est un service de l'hôpital qui prodigue des soins de suppléance à une défaillance aiguë. Elle est la structure médiane entre les services de réanimation (réa) et les unités de surveillance continue (USC), et prend en charge une défaillance unique sur une durée limitée. Elles constituent avec les USC les unités intermédiaires entre la réanimation et les services de soins généraux hospitaliers.

Le service des soins intensifs a pour mission de prendre en charge les patients en état critique, c'est-à-dire qui présentent une défaillance d'une fonction vitale, ou qui sont à risque de développer une complication sévère. Le service dispose de moyens techniques très spécialisés. Ceux-ci sont mis en œuvre de façon continue par une équipe multidisciplinaire afin de déceler, prévenir et corriger les déséquilibres aigus et présumés réversibles liés à l'affection sous-jacente (maladie, chirurgie, traumatisme, intoxication).

Dans nombre d'hôpitaux, ces structures sont spécialisées, en fonction des besoins et des ressources disponibles.

Réanimation : définition

Le terme réanimation, employé en France pour la première fois en 1953 par le grand néphrologue parisien Jean Hamburger, désigne l'ensemble des techniques mises en œuvre pour pallier la défaillance, supposée réversible, d'une ou de plusieurs fonctions vitales, ou pour surveiller des patients menacés par ces défaillances du fait d'une maladie, d'un traumatisme ou d'une intervention chirurgicale. Il désigne également la structure dans laquelle ces moyens sont mis en œuvre : service de réanimation. La réanimation est prise en charge par des médecins spécialistes appelés réanimateurs.
La surveillance continue et les soins intensifs relèvent, à un niveau moindre, des mêmes objectifs.

Un peu d'historique de la surveillance continue, des soins intensifs et de la réanimation

C'est la célèbre infirmière anglaise Florence Nightingale qui eut, la première, l'idée de regrouper près du poste infirmier les blessés les plus graves dont elle s'occupait pendant la

[7] https://www.vocabulaire-medical.fr/

guerre de Crimée (1853 – 1856). Un des grands principes fondateurs de la surveillance continue était ainsi mis en place.

Aux États-Unis le neurochirurgien Walter Dandy créa, à Boston en 1926, le premier service de surveillance intensive, doté de 3 lits, pour la surveillance post-opératoire de ses patients. Mais on peut faire remonter les vrais débuts de la réanimation aux années 1950, époque à laquelle fait rage une pandémie européenne de poliomyélite, notamment au Danemark. Un anesthésiste danois, formé à Boston, le Dr Björn Ibsen, a l'idée d'utiliser chez ces patients souffrant de paralysie des muscles respiratoires, non pas le traditionnel « poumon d'acier », délivrant une ventilation à pression négative, mais au contraire des respirateurs délivrant une ventilation à pression positive, par l'intermédiaire d'une sonde d'intubation trachéale. Sa première tentative est effectuée non pas chez un poliomyélitique, mais chez une fillette atteinte de tétanos, à qui il applique ce traitement grâce à la curarisation. Au tout début, les respirateurs ne sont pas automatisés, et l'air est insufflé manuellement par des étudiants en médecine ! Rapidement est développé par Carl-Gunnar Engström le premier respirateur automatique à pression positive contrôlée, le fameux respirateur Engström, l'ancêtre de tous les respirateurs utilisés en anesthésie et en réanimation.

En France, c'est également sous la forme d'un centre de traitement des complications respiratoires de la poliomyélite que fut créé le premier service de réanimation médicale à l'hôpital Claude Bernard de Paris, grâce aux efforts du Pr Pierre Mollaret et de son assistant le Pr Maurice Goulon.

On notera en passant que, grâce à la vaccination, qui a commencé dès 1955, la poliomyélite, et notamment ses formes graves, a pratiquement disparu du paysage. Bel exemple de réactivité médicale dont ne bénéficient toujours pas les personnes susceptibles d'être infectées par le VIH.

À la même époque sont créées aux États-Unis, par le Dr Peter Safar, les premières salles d'urgence, connues actuellement sous la terminologie anglo-saxonne d'Intensive Care Units (ICU), que nous appelons Unité de Soins Intensifs (USI). Ce Dr Safar va diffuser l'usage de la ventilation artificielle et de la réanimation cardio-pulmonaire, dont les progrès, parallèles à ceux de l'anesthésie, vont permettre l'essor considérable de la réanimation à partir des années 60.

Spécialiste en réanimation médicale et médecin anesthésiste-réanimateur

La réanimation est exercée par des médecins spécialistes en réanimation, discipline qui s'est affranchie de l'anesthésie, qui porte en réalité le nom d'anesthésie-réanimation. Un anesthésiste est donc un médecin anesthésiste-réanimateur, ou « MAR ». Cela revient à dire que si les anesthésistes continuent à faire de la réanimation, les réanimateurs ne font plus d'anesthésie, mais de la réanimation à temps plein.

Lors de la création, en 1984, des DESC (diplôme d'enseignement spécialisé complémentaire), la réanimation est devenue une spécialité complémentaire d'exercice non exclusif. Avec la création en 2004 des DESCQ (Q pour qualifiant), la réanimation est devenue une spécialité d'exercice exclusif.

Depuis 2017, la spécialité de réanimation médicale a changé de nom et de statut. Elle s'appelle désormais « Médecine Intensive-Réanimation » ou « MIR ». On avait déjà le MAR ; on a maintenant le MIR (médecin intensiviste-réanimateur). On notera en passant que les réanimateurs américains portent depuis les débuts de la discipline le nom d'intensivist. La réanimation a depuis plusieurs années sa société savante, la Société de réanimation de langue française (SRLF). Les anesthésistes ont la leur, la SFAR (Société française d'anesthésie-réanimation).

Différents types de réanimation, de soins intensifs et de surveillance continue

Selon le type de pathologie prise en charge, on parle de réanimation médicale, chirurgicale ou polyvalente, cette dernière accueillant des patients « médicaux » aussi bien que « chirurgicaux ». Il existe également des hyperspécialisations, comme la réanimation néo-natale, la prise en charge des grands brûlés, les soins intensifs en cardiologie (USIC), en néphrologie ou en neurologie.

Ce qui réunit toutes ces activités différentes, c'est la continuité de la surveillance et des soins 24 heures sur 24 (« H 24 »), grâce à un personnel paramédical nombreux et à la présence permanente d'une équipe médicale sur place, pour répondre immédiatement à toute situation urgente (2 IDE pour 5 patients en réanimation, 1 IDE pour 4 patients en USI et USC). La spécialisation du personnel médical sur place dépend du type d'activité : dans une unité de réanimation, ce sont des réanimateurs qui sont présents ; dans une unité de soins intensifs en cardiologie (USIC), des cardiologues ; dans une unité de surveillance continue, souvent axée sur les soins postopératoires, ce sont des anesthésistes. Ce ne sont que quelques exemples. Tout cela est mis noir sur blanc dans le code de la santé publique (décrets du 5 avril 2002 et du 24 janvier 2006).

D'une manière volontairement schématique, on peut comparer les trois niveaux de réanimation à ceux des maternités, qui vont de 1 pour les petites maternités à 3 pour les plus importantes, notamment celles qui sont implantées dans les CHU. Dans cette optique, la surveillance continue serait le niveau 1 de la réanimation, les soins intensifs le niveau 2, et la réanimation proprement dite le niveau 3. Pour le dire autrement, la surveillance continue est destinée à prendre en charge un patient ayant un risque de défaillance vitale ; les soins intensifs sont habilités à traiter une défaillance unique pendant une durée limitée ; la réanimation est dévolue à la prise en charge prolongée des défaillances multiples. Mais, dans la réalité, ce n'est pas aussi schématique que cela.

À titre d'exemple, dans une USC (Unité de surveillance continue), il est possible d'accueillir un opéré encore ventilé, pour une durée maximale de 48 heures. Passé ce délai, s'il s'avère impossible d'extuber le patient (autrement dit de le sevrer de la ventilation artificielle), il devra être transféré dans un service de réanimation. Cette règle n'est cependant pas toujours respectée, ne serait-ce que par manque de lits de réanimation.

On observe que des confusions de termes sont fréquentes, y compris chez les professionnels. Par exemple, les unités de surveillance continue sont facilement qualifiées de réanimation par les soignants et les médecins (dans des phrases du type « le patient ira en réa en post-op », que l'on entend tout le temps). De même, surveillance continue et soins intensifs sont souvent employés de manière interchangeable.

Les services de réanimation, qui coûtent extrêmement chers, ne sont présents que dans les hôpitaux publics, notamment les CHU. L'activité de réanimation est en effet la plus coûteuse qui soit. Les soins intensifs et la surveillance continue existent aussi bien dans le public que dans le privé. Si un établissement de soins (clinique privée ou hôpital général) veut développer la chirurgie « lourde », il ne pourra le faire que s'il possède dans ses murs une unité de surveillance continue. Le contraire mettrait en péril la sécurité des opérés.

Monitorage (monitoring)

Le monitorage (terme à utiliser préférentiellement à son équivalent anglais, monitoring) permet la continuité de la surveillance. Le patient est équipé d'un certain nombre de dispositifs qui permettent de surveiller en permanence des paramètres appelés « constantes ». Le matériel de base, que l'on trouve dans toutes les structures, qu'il s'agisse d'USC, d'USI ou d'une réanimation, est le suivant : électrocardioscope (le fameux « scope »), tensiomètre, oxymètre colorimétrique (cellule infrarouge disposée à la pulpe d'un doigt), cathéter veineux central (VVC). Les données recueillies en temps réel sont affichées sur un écran disposé sur une console centrale permettant au personnel de surveiller tous les patients simultanément. Les constantes surveillées sont la fréquence cardiaque (le pouls), la fréquence respiratoire, la pression artérielle (systolique, diastolique et moyenne), la pression veineuse centrale (PVC), la saturation en oxygène (la « sat », ou pourcentage de l'oxyhémoglobine dans le sang), la température. La prise de la pression peut être discontinue, grâce au brassard qui se gonfle à intervalles réguliers, ou continue, par l'intermédiaire d'un cathéter implanté dans l'artère radiale ou fémorale (pression artérielle « sanglante »). De même la température corporelle peut être mesurée en discontinu (par un thermomètre) ou en continu (grâce à une sonde). Selon les besoins, d'autres constantes peuvent être surveillées, comme la pression intracrânienne ou le débit cardiaque.
En cas de problème brutal concernant l'un de ces paramètres, une alarme sonore se déclenchera instantanément.

SMUR

Le SMUR est un Service mobile d'urgence et de réanimation. Le terme « service » a été remplacé, sans que cela ne change l'acronyme, par celui de « structure ». C'est un service hospitalier doté d'un ou de plusieurs véhicules spécialisés appelés « unités mobiles hospitalières » (UMH) qui permettent des interventions de réanimation ou de soins intensifs en milieu extrahospitalier. Une UMH emporte à son bord une équipe mobile hospitalière composée d'un médecin urgentiste ou anesthésiste, d'un IDE ou IADE (infirmier anesthésiste) et d'un ambulancier. Le SMUR « blanc » est adossé au service des Urgences d'un hôpital. Le SMUR « rouge » est géré par les pompiers. Les couleurs blanc et rouge sont celles des véhicules.

Une intervention SMUR, dite « sortie SMUR », peut être primaire ou secondaire, selon la terminologie consacrée. L'appellation « SMUR secondaire » est réservée au transfert d'un patient hospitalisé vers un établissement plus important ou mieux équipé pour le problème posé. Ces transports secondaires se font sous l'autorité de la régulation du SAMU, avec lequel le SMUR ne doit pas être confondu.

Le SMUR utilise différents types de véhicules : ambulance de réanimation (AR), véhicule radio-médicalisé (VRM), hélicoptère ou avion spécial, et même bateau dans certaines régions. Historiquement, le premier SMUR a été créé en 1956 par le Pr Maurice Cara à l'hôpital Necker de Paris, toujours à l'occasion d'une épidémie de poliomyélite. On peut dire que la pandémie de poliomyélite des années 50 aura été à l'origine de bien des progrès médicaux ! La création du SAMU est plus récente, datant des années 70.

Le SMUR peut aussi effectuer des interventions au sein de l'hôpital où il est implanté. L'équipe mobile peut en effet être sollicitée, via un numéro dédié à cette activité, en tout point de l'hôpital, par exemple pour un arrêt cardiaque. C'est ce que l'on appelle le « SMUR interne »

Gestes de réanimation et secourisme

La réanimation telle que nous venons de la définir, que l'on pourrait qualifier d'institutionnelle, comporte un certain nombre de gestes de réanimation qui peuvent devoir être réalisés par des médecins non spécialisés, voire par des individus qui ne sont pas médecins, dans certaines situations d'urgence. Deux exemples suffiront à la compréhension. Lors d'un accouchement dans une maternité de niveau 1, censée ne prendre en charge que les accouchements les moins risqués, il est possible que l'équipe soit confrontée à une mort apparente du nouveau-né, qui nécessitera des mesures urgentissimes de réanimation néo-natale, comme l'intubation du nouveau-né. Ces gestes seront effectués par le personnel disponible immédiatement, à savoir la sage-femme et l'anesthésiste. Ce n'est que secondairement que l'enfant, s'il a survécu, sera transféré dans un service de réanimation néo-natale.

Mais il est des circonstances où aucun médecin n'est disponible, par exemple lors d'un arrêt cardiaque sur la chaussée. Si, par chance, se trouve à proximité une personne qui a bénéficié d'une formation au secourisme, l'individu en arrêt cardio-respiratoire pourra être sauvé par la pratique du massage cardiaque externe (MCE). Je connais personnellement un anesthésiste qui a fait un arrêt cardiaque dans la rue, au moment précis où passait par là un médecin qui le connaissait. Il est toujours en vie, sans séquelle.

Définition de la mort cérébrale

Sur un plan éthique et juridique, les techniques de réanimation ont permis de redéfinir la mort non pas comme le moment où se produit l'arrêt cardio-circulatoire irréversible, mais comme un processus complexe dans lequel est privilégiée la mort cérébrale. Une fois celle-ci constatée de manière indiscutable, il est possible de prélever les organes vitaux du donneur en vue de les transplanter à un receveur. Ce flou juridique initial concernant la définition de la mort explique que la première transplantation cardiaque ait été effectuée en Afrique du Sud et non pas aux États-Unis, par le Pr Barnard, pourtant formé aux États-Unis, et qui a profité du fait que la définition de la mort était plus « souple » dans le pays où travaillait ce pionnier de la transplantation cardiaque.

Limitation et arrêt des traitements en réanimation

Dans les services de réanimation ainsi que dans les unités de soins intensifs ou même de surveillance continue, il arrive malheureusement assez souvent que l'on soit contraint d'envisager d'arrêter les traitements qui maintiennent le patient en survie, avec la conséquence possible d'avancer la date du décès du patient. Cette décision médicale est toujours difficile à prendre et à faire accepter par l'entourage d'un patient pour lequel on n'a pratiquement plus d'espoir d'amélioration. Elle s'inscrit dans la lutte contre l'obstination déraisonnable (anciennement appelée acharnement thérapeutique), telle qu'elle est préconisée par le législateur, notamment au travers de la loi dite « Clayes-Leonetti » de 2016.

Akéna bénéficia de tous les avantages qu'offre la salle des soins intensifs dans un hôpital de référence d'Afrique Centrale avec l'avantage d'être une des personnalité de la ville ; la crème de l'excellence en matière de réanimation et cardiologie fut réunie pour éviter le pire en cas de fausse route médical.

Que s'est-il passé dans le couloir de la mort ?

Akéna sortit pour prendre de l'air et faire un peu de sport avec ses deux chiens de compagnies. A l'entrée d'une ruelle elle se sent subitement affaiblie et se dit qu'elle doit prendre, une boisson fraîche et manger. Elle emprunte un couloir (le couloir de la mort) et à l'entrée tout le monde refuse de la recevoir, mais elle insiste et va s'asseoir dans un restaurant ; même dans ce restaurant, on refuse toujours de la servir, elle insiste et va dans un bar où elle sera très bien accueillie : elle y mange, boit et se repose.
Au moment rentrer chez elle, tout le monde tout autour s'opposa et dit d'une voix à l'unisson : « on te traite bien ici et tu rentres faire quoi là-bas ». En insistant de rentrer elle se trouva dans la bagarre avec ces gens qui empêchaient qu'elle retourne réanimer son corps qui, à son insu, s'est écroulé à l'entrée du couloir car ayant pris de l'énergie dans leur monde. Après la bagarre elle put, sans savoir comment cela s'est passé, sortir de ce couloir toute sale et blessée (c'était son état à l'entrée) ; puis se retrouva sur le lit de l'hôpital avec une tenue blanche mais ayant survécu car en pleine réanimation.

Akéna ne fût pas bien reçu par la première dame qu'elle rencontra au couloir de la mort car cette dame déjà partisane du séjour des morts et connaissant les bonnes œuvres d'Akéna ne voulait pas qu'Akéna quitte le monde des vivants mais ne pouvait le lui dire. Akéna par contre ne comprenant pas la voix de Dieu à travers cette dame s'entêta sur le besoin qu'elle ressentait et fût choqué d'un tel comportement.

Par son attitude et son désir d'être servi par le couloir de la mort, Akéna subit un choc et entra dans ce couloir sans le savoir. Ses dernières forces permis qu'elle puisse s'asseoir mais par manque de force, elle tomba sur le sol et subit des chocs physiques : **ce fut l'entrée dans le couloir de la mort**

Après l'aide du jeune homme qui la reconnu aussi mais étant du monde des vivants, pour la ramener chez elle afin que les pompiers et les services d'urgence par leurs soins la ramène à la vie ; Akéna put faire un demi-tour pour revenir dans notre monde après un âpre combat dans le royaume des morts : ce fut **La sortie du couloir de la mort.**

Le mauvais accueil à l'entrée du couloir de la mort (elle était encore animée : âme vivante)

Le concept d'âme a émergé du creuset gréco-latin avant d'être repris par la culture judéo-chrétienne, qui l'a radicalisé selon des vues dualistes (la dualité corps/âme). Depuis le XVIIe siècle, la pensée occidentale a été largement influencée par la philosophie de Descartes. Maintenant encore, la pensée « moderne » nous présente, par les sciences biologiques et médicales, un corps morcelé jusqu'au niveau moléculaire. Dans cette culture de la division, du sécable, de l'analyse, l'esprit et l'âme se sont vus localisés, décortiqués, disséqués. Tant les maladies que la santé sont envisagées sous l'angle d'une fonctionnalité biochimique, et en dernier ressort d'un déterminisme génétique. En fin de compte, la personne humaine est de plus en plus privée de son intégrité, elle est dépossédée de son unité corporelle et de son unicité d'âme.

L'haptonomie, quant à elle, fait appel aux concepts majeurs d'âme et de corporalité animée et plus récemment à celui de thymos. Le concept de thymos a été récemment revalorisé par Frans Veldman. Renouant avec la pensée fondatrice grecque, il note que le thymos y apparaît comme « le souffle de la vie » rendant compte du fond intime, essentiel de l'être. Par-là, il a voulu éviter les évolutions de sens dues aux pensées latine, judéo-chrétienne et moderne au sujet de l'âme. La phénoménalité haptonomique désigne la corporalité comme étant la manière corporelle dont l'être humain s'exprime, se représente dans le monde. C'est ainsi aussi qu'il est écrit : "Le premier homme Adam devint une âme vivante", le dernier Adam, un esprit vivifiant.

Akéna s'écroula à l'entrée de ce couloir quelques instants après avoir échangé avec une dame à qui elle demanda un service. La dame bizarrement lui refusa le service et prit d'un choc elle ne voyait plus tout autour d'elle. La dame prit de panique s'enfui pour la satisfaire car regrettant son comportement, mais Akéna victime d'un vertige s'assis sur une véranda sans pouvoir se relever.

Un fidèle de son église qui vécut la scène accouru et la releva ; mais ne pouvant se tenir debout il la transporta derrière sa moto poursuivi par ses deux chiens de compagnies suffisamment bien dressé pour ne pas sauter sur le bon Samaritain. Ce ne fût pas le même accueil que le jeune homme reçut arrivé à domicile car les deux chiens les plus féroces de la concession, des Pitbulls, étaient lâchés. Il eût uniquement la possibilité de récupérer la clé du petit portail pour la faire entrer dans la case des gardiens quand ces fauves surgirent cherchant à sauter la grande barrière.

La moto du bon Samaritain lui permit de bloquer la porte pour éviter la sortie de ces chiens laissant les deux autres chiens de compagnie hors de la barrière car il fallait fuir le carnage qu'il devait subir ? Et derrière lui ce fût le grand vacarme des cris et aboiements des chiens.

Le refuge dans le conformisme et le vulgaire (vulgus : commun des mortels)

Vulgum pecus

Barbarisme connu et employé, car le mot vulgum n'existe pas en latin! Le mot latin est vulgus qui veut dire la foule. L'expression vulgum pecus, incorrecte, est l'altération de la formule empruntée à Horace servum pecus, littéralement « le troupeau servile ». Elle est composée du substantif neutre pecus = troupeau et de l'adjectif servus (servum au neutre) = servile, asservi, soumis. Le vulgum pecus désigne avec mépris la foule ignorante, mais on s'en sert également pour parler du « commun des mortels ».

- VULGUM PECUS, subst. masc.

Fam. Le commun des mortels, la multitude ignorante. *Il n'y a pas (...) deux sortes de musique: la « grande » pour les initiés, la « petite » pour le vulgum pecus* (Becquet, *Organ. loisirs travaill.*, 1939, p. 51).

Prononc.: [vylgɔmpekys]. **Étymol. et Hist.** 1843 (A. Adam, let., 1er nov., in Ch. Maurice, *Hist. anecdotique du théâtre*, II, p. 242 ds Quem. *DDL* t. 25). Loc. pseudo lat. formée de *vulgum*, adj. tiré de *vulgus* « le commun des hommes, la foule » et de *pecus* « troupeau », peut-être créé par imitation des vers lat. de Horace, *Ep.*, 1, 19, 19: o imitatores, servum *pecus*; *Carm.*, 3, 1, 1: odi profanum *vulgum*. **Bbg.** Quem. *DDL* t. 28.

Le conformisme social

Selon cette approche, basée sur la théorie de Durkheim, la moralité est une accommodation de l'individu aux valeurs, aux standards et aux pratiques qui sont imposés par la société à travers des processus de mise en conformité.

- Soutenant le mouvement de l'éducation laïque, Durkheim développe sa théorie à partir de la nécessité de fonder l'éducation morale sur la raison en éliminant tout élément mythique provenant de l'influence de la religion catholique. Cette transformation du caractère de l'éducation morale implique le besoin de redéfinir les objectifs de celle-ci et de trouver l'idéal qu'on veut atteindre à travers sa réalisation. Pour définir cet idéal Durkheim décompose la morale dans ses éléments constitutifs.
- Selon lui, la morale constitue avant tout un ensemble de règles concrètes, prescriptives et toutes faites qui contiennent la notion d'autorité parce qu'elles obligent à l'action. De ce fait, l'esprit de discipline, en tant que soumission de l'individu aux règles édictées par la société, est un élément essentiel de la morale. C'est lui qui représente le devoir, c'est-à-dire la

morale sévère et rude aux prescriptions coercitives. La discipline est utile aussi bien au niveau social qu'au niveau personnel parce qu'elle apprend à l'individu à maîtriser ses désirs et donc à former sa personnalité.

- La soumission aux règles sociales n'est pourtant pas une fin en soi mais plutôt un moyen pour atteindre une fin. Cette fin représente le bien qui apparaît comme une chose bonne, comme un idéal aimé auquel l'être humain aspire par le mouvement spontané de la volonté. Quel peut être cet idéal susceptible d'attirer l'intérêt humain ? Pour Durkheim, l'action morale doit poursuivre des fins impersonnelles et peuvent être caractérisées comme telles les fins qui visent au bien de la société. Le devoir et le bien sont donc deux aspects différents d'une même réalité : la société, valeur suprême dont pro16 vient la morale et à laquelle elle aboutit. Le bien et le devoir dérivent tous les deux du sentiment du « sacré » que représente la société, valeur à la fois impérative et désirable.
- Cette valorisation du rôle de la société dans le développement moral de l'individu implique deux autres positions théoriques : l'impossibilité de l'autonomie morale et la contestation des valeurs universelles.

L'illusion de l'autonomie morale

Selon Durkheim, c'est une illusion de croire qu'on peut participer activement à l'élaboration des règles morales parce que la société dans son ensemble transcende les individus. De ce fait, la seule autonomie que l'homme peut acquérir est celle de la connaissance de la raison d'être des règles sociales. C'est d'ailleurs cette prise de conscience qui aboutit au rapprochement du bien et du devoir. Une fois suivies consciemment, les règles du monde moral cessent d'être extérieures aux individus. Elles se transforment en un système d'idées claires et distinctes dont les individus perçoivent les rapports et auquel ils adhèrent délibérément sans pourtant avoir le pouvoir de le modifier :

« Ce n'est pas l'obéissance passive qui, par elle-même et par elle seule, constitue une diminution de notre personnalité ; c'est l'obéissance passive à laquelle nous ne consentons pas en pleine connaissance de cause. Quand, au contraire, nous exécutons aveuglement une consigne dont nous ignorons le sens et la portée, mais en sachant pourquoi nous devons nous prêter à ce rôle d'instrument aveugle, nous sommes aussi libres que quand nous avons seuls toute l'initiative de notre acte. Telle est la seule autonomie à laquelle nous puissions prétendre, la seule aussi qui ait quelque prix pour nous. »[8]

Le relativisme moral

En considérant que la morale est, *a priori,* faite par la société et pour la société, Durkheim arrive à réduire la morale au conformisme social. Lui-même justifie cette conception par la constatation historique que la morale varie d'une société à l'autre :

« Ce qui montre bien que la morale est l'œuvre de la société, c'est qu'elle varie comme les sociétés. Celle des cités grecques et romaines n'était pas la nôtre, de même que celle des tribus primitives n'était pas celle de la cité. Il est vrai qu'on a essayé parfois d'expliquer cette diversité des morales comme le produit d'erreurs dues à l'imperfection de notre entendement. [...] Mais, s'il est un fait que l'histoire a mis hors de doute, c'est que la morale de chaque peuple est directement en rapport avec la structure du peuple qui la pratique. » [9]

Spiro (1951) appelle « societalisme » cette thèse selon laquelle la société a une priorité tant chronologique que morale sur l'individu. L'acceptation absolue de cette position aboutit à l'idée du relativisme moral. Des recherches plus récentes, effectuées dans le but de contredire la thèse de l'universalité des valeurs morales, s'inscrivent en effet dans cette même perspective. Il s'agit de recherches interculturelles qui montrent l'impact des différences culturelles (surtout des différences entre la culture orientale et la culture occidentale) sur les perspectives morales des individus.

Objectifs et méthodes d'éducation morale

Le goût de la régularité

Durkheim considère qu'un des objectifs essentiels de la morale est de donner à l'enfant le goût de la régularité sur lequel se base le respect des règles de la vie collective. Cette régularité est indispensable non seulement au fonctionnement du groupe social mais aussi à l'individu qui, à travers elle, apprend à maîtriser ses désirs et à conserver son équilibre personnel.

---

[8] (Durkheim 1925/1974, p. 100)

[9] (*ibid.,* pp. 73-74).

Il y a d'ailleurs deux caractéristiques de la nature enfantine qui facilitent l'apprentissage de la régularité : le traditionnalisme et la réceptivité de l'enfant aux suggestions impératives.

Le traditionnalisme renvoie au fait que l'enfant est attaché à ses propres habitudes et à celles qu'il observe dans son environnement. Il prend du plaisir à répéter plusieurs fois le même acte et il est bouleversé quand il y a un changement dans sa vie quotidienne. Pour Durkheim, la régularité a une fonction de soulagement et de canalisation de la vie psychique du jeune enfant qui est particulièrement instable et envahissante à cet âge. Il est donc intéressant d'utiliser cette tendance de l'enfant pour cultiver chez lui le respect des règles morales sur lesquelles se base l'ordre social.

Pourtant, pour que l'enfant respecte ces règles, il ne suffit pas qu'il soit accoutumé à répéter les mêmes actes dans les mêmes circonstances. Il faut aussi qu'il prenne conscience de l'autorité morale qui fonde la nécessité de ces règles et qui fait que sa volonté doit s'incliner aux prescriptions établies :

« Par autorité, il faut entendre l'ascendant qu'exerce sur nous toute puissance morale que nous reconnaissons comme supérieure à nous. En raison de cet ascendant, nous agissons dans le sens qui nous est prescrit, non parce que l'acte ainsi réclamé nous attire, non parce que nous y sommes enclins par suite de nos dispositions intérieures naturelles ou acquises, mais parce qu'il y a, dans l'autorité qui nous le dicte, je ne sais quoi qui nous l'impose. C'est en cela que consiste l'obéissance consentie. »[10].

Pour éveiller ce sentiment de nécessité chez l'enfant, on peut utiliser sa grande réceptivité aux suggestions de toute sorte, ce qui, pour Durkheim, constitue le deuxième trait de la nature enfantine. En effet, l'enfant se trouve en quelque sorte dans la situation d'un être hypnotisé. Sa conscience est pauvre en représentations et en tendances déterminées, c'est pourquoi il est aussi sensible à l'exemple et à l'imitation. De ce fait, on peut l'accoutumer de bonne heure à se contenir. On peut lui faire sentir qu'il ne doit pas s'abandonner à ses désirs spontanés, mais qu'il y a toujours une borne au-delà de laquelle il ne doit pas aller.

[10] (*ibid.,* p.25)

La discipline scolaire

Pour que l'obéissance aux règles sociales puisse être au service de cet idéal moral que constitue la société, le jeune individu doit comprendre que ces règles ont un caractère impersonnel. C'est pourquoi l'éducation domestique qui se base sur l'attachement affectif à l'autorité des parents n'est pas suffisante pour remplir cet objectif.

L'école, en revanche, peut libérer l'enfant de cette dépendance étroite et personnelle. Elle va initier l'enfant à l'austérité du devoir et jouer le rôle intermédiaire entre la morale affectueuse de la famille et la morale plus sévère de la vie civile. La classe est une petite société qui a besoin de règles de fonctionnement. En participant à la vie de la classe, l'enfant va apprendre à remplir son devoir et à se soumettre aux obligations que le groupe social lui impose. Il va ainsi être éduqué à la discipline qui constitue la morale de la classe. Est-ce qu'il y a des conditions de l'efficacité et de la réussite de cette éducation ?

Durkheim souligne que la discipline scolaire doit avoir des limites. Si les règles imposées sont trop précises et trop sévères, cela va ennuyer l'enfant et va lui enlever toute initiative. Si un tel excès de discipline ne fait pas de l'enfant un révolté, il en fait un déprimé moral. On voit là la difficulté de la pédagogie, selon Durkheim, pour trouver sa place entre l'anarchisme du laisser-faire et l'intolérance de l'interdiction. La solution peut être recherchée dans la thèse de Durkheim selon laquelle la discipline doit s'appuyer sur un sentiment intérieur de respect :

« Il faut que l'enfant vienne à sentir de lui-même ce qu'il y a dans la règle qui doit le déterminer et à y déférer *docilement* ; en d'autres termes, il faut qu'il sente l'autorité morale qui est en elle, et qui la rend respectable. Son obéissance n'est vraiment morale que si elle est la traduction extérieure de ce sentiment intérieur de respect. Mais ce sentiment, comment lui inculquer ? »[11].

Il revient au maître d'assurer cette mission sociale. Il doit d'abord montrer aux élèves que la morale enseignée n'est pas une œuvre personnelle mais une œuvre collective dont il est l'instrument et non l'auteur. De par son enseignement, son attitude comme dans sa façon de gérer la classe, le maître doit ensuite expliquer aux élèves la rationalité des règles sociales. Il s'agit de leur faire comprendre que les règles morales ne sont pas arbitraires mais indispensables au fonctionnement du groupe. C'est par cette compréhension que les élèves

[11] (*ibid.*, p. 45)

vont élaborer l'autonomie de la volonté qui transforme le sentiment d'obligation face à la règle en sentiment de nécessité.

Mais quelle est la part de la liberté individuelle dans l'élaboration des règles collectives même au sein de la classe ? Selon C. Filloux, la pédagogie de groupe menée par l'enseignant a comme fonction, chez Durkheim, de mettre les élèves « devant la possibilité libre de produits communs », c'est-à-dire de leur apprendre à travailler ensemble avec un esprit « de libre examen » et « d'autonomie », au sens de l'acceptation volontaire des règles du groupe[12]. Dans cette optique, les marges d'intervention de l'individu pour contester ou modifier les décisions collectives restent pourtant limitées, d'où la difficulté de considérer Durkheim comme un théoricien de l'éducation aux droits de l'homme.

L'attachement aux groupes sociaux

Le goût de la régularité et l'apprentissage de la discipline ne suffisent pas pour amener l'enfant à se soumettre aux règles collectives d'une façon personnelle et autonome. Pour adopter ce comportement, l'enfant doit aussi être affectivement attaché à la collectivité et nourrir pour elle des sentiments altruistes et impersonnels. L'élaboration de cette motivation constitue le troisième objectif de l'éducation morale selon Durkheim.

Il faut aider l'enfant à se faire une représentation des groupes sociaux dont il fait partie sans le savoir. Mais cette représentation doit faire partie intégrante de lui-même de sorte qu'elle suscite chez lui des sentiments et des émotions. Et comme ces réactions affectives ne peuvent se baser que sur l'expérience personnelle Durkheim propose de multiplier les occasions de participation de l'enfant aux groupes sociaux : « pour apprendre à aimer la vie collective il faut la vivre non pas seulement en idée et en imagination mais en réalité »[13].

On trouve ici deux idées intéressantes. La première idée est que la connaissance est associée à l'action personnelle de l'individu compte tenu de sa dimension affective et pratique. Cette conception de l'apprentissage rappelle les principes de l'éducation empirique proposée par Dewey ou même ceux de la théorie constructiviste de la connaissance développée par Piaget. Elle pourrait d'ailleurs apparaître opposée à la position de Durkheim selon laquelle la soumission aux règles sociales préexistantes s'impose à l'individu de l'extérieur. Il nous semble que ce qui différencie la théorie de Durkheim des théories empiriques et

12 *(Filloux, 1994, p. 51)*

[13] (*ibid.* p. 46)

constructivistes c'est que, pour lui, l'action n'est pas la source de la connaissance mais son application. L'enfant n'acquiert pas le sens de la règle morale en la construisant d'une façon qui lui est propre. Il connaît la règle morale existante et comprend sa nécessité à travers sa mise en pratique.

La deuxième idée intéressante à souligner est que les groupes intermédiaires (la famille, l'école mais aussi les groupes territoriaux et associatifs) jouent un rôle important dans l'éducation morale et la socialisation. Leur fonction sociale et politique est de réduire le décalage qui existe entre l'individu et l'Etat. Dans ces groupes l'individu apprend à dépasser ses intérêts personnels pour s'associer à ceux de la collectivité, tout en ayant l'occasion de s'exprimer et d'exercer une partie de son autonomie. Cela permet en même temps à l'Etat de se libérer des exigences particulières de chacun de ses membres et de prendre des décisions en faveur de l'intérêt collectif. Le rôle que Durkheim attribue aux groupes secondaires arrive donc, d'une certaine façon, à atténuer la tension qui traverse sa théorie de la morale : le fait que les règles morales sont l'œuvre de la société mais que leur élaboration dépasse les limites de l'action individuelle.

Ces conceptions de Durkheim ont été le point de départ d'un long débat aussi bien théorique qu'expérimental concernant l'universalité et/ou la relativité des valeurs morales et, de ce fait, la possibilité d'autonomie de l'individu.

Qu'en était-il de la situation de Akéna et de la source / la raison de son malaise ?

L'accueil conditionnel très chaleureux du royaume des morts

Lieu d'errance des âmes damnées

Dans la mythologie grecque, l'expression désigne le lieu situé sous la surface de la Terre et qui se prolonge jusqu'aux frontières du monde. Différent de l'Enfer chrétien, le royaume des morts voit les âmes damnées errer sans penser ni ressentir, tels des zombies éternels.

Séjour des morts

Dans la présente traduction, l'expression séjour des morts correspond à l'hébreu sheol et au grec hadès (ou haidès). Dans d'autres versions françaises, ces mots ont aussi été rendus par le pluriel « les enfers », qui ne désigne pas un lieu de souffrance (comme le singulier « l'enfer »), mais l'ensemble du domaine souterrain des morts (le latin infernus signifie « en bas ») tel que le représentent les mythologies de l'Antiquité.

C'est sans doute aux représentations mésopotamiennes que la conception hébraïque du sheol se compare le plus aisément. L'étymologie du mot est incertaine, mais en hébreu on le rapproche naturellement de la racine sh'l qui signifie « demander, réclamer », ce qui s'accorde bien avec la personnification du séjour des morts en monstre insatiable qui engloutit les vivants sans trêve (Es 5.14; Pr 1.12; 27.20). Cependant on l'imagine d'ordinaire comme un lieu souterrain, ténébreux (cf. Ps 88.13; Jb 10.21s), poussiéreux (Gn 3.19; Ps 90.3; 104.29; Jb 10.9; Ec 3.20) et silencieux (Ps 88.11ss; Ec 9.5s). Il semble parfois identifié à l'abîme qui précède et supporte le monde créé (Gn 1.2n; cf. Ez 26.19; Ps 42.8; 71.20; 77.17 ; voir aussi Jb 26.5ss; comparer le rôle des eaux destructrices en Ps 68.23; 69.3,16; 88.7s; 107.24). L'hébreu emploie plusieurs synonymes plus ou moins spécialisés de she'ol, comme 'avaddôn, le monde des disparus (de la racine 'vd, « disparaître, périr », Jb 26.6n) ; shahath, la fosse (Jb 9.31n ; Ps 16.10 ; le terme s'applique également à une fosse servant de piège, Ps 7.16n ; 9.16) ; bor, le gouffre (Ps 28.1 etc. ; le mot peut aussi désigner une tranchée, un cachotou une citerne, Ex 12.29n ; 21.33n ; Jr 37.16n ; Za 9.11n; Lm 3.53n).

Commun à tous les défunts sans discrimination ethnique, nationale, religieuse ou morale (Es 7.11; Am 9.2; Ps 89.49; 139.8), le séjour des morts est quelquefois dépeint à l'image du monde des vivants dont il apparaît comme une ombre affaiblie (il présente les mêmes structures hiérarchiques en Es 14.9ss; Ez 31.18; voir cependant Jb 3.19). C'est en principe un lieu d'où l'on ne revient pas (Jb 7.9s; 16.22; Ec 12.5), ce qu'illustre la représentation de ses portes et de ses verrous comparables à ceux d'une ville (Es 38.10; Ps 9.14; 107.18; Jb 17.16; 38.17). Mais avec l'apparition de la doctrine de la résurrection[14] le sheol devient un séjour provisoire. Cette conception se développera dans la littérature apocalyptique (voir introductions à Daniel et à l'Apocalypse de Jean; cf. 1 Hénoch[15] 22.3s: « Ces cavernes doivent rassembler les esprits des morts, c'est à cela même qu'elles sont destinées; toutes les âmes humaines y seront recueillies. Ces cavernes sont destinées à être leur prison — c'est ainsi qu'elles ont été créées — jusqu'au jour où ils seront jugés, jusqu'au moment du jour final, celui du grand Jugement qui sera exercé sur eux »). En même temps le sheol se diversifie: les bons y sont séparés des méchants (1 Hénoch[16] 22.9: « Ces trois [cavernes]-ci ont été créées pour séparer les esprits des morts. Ainsi, il a été réservé aux esprits des justes celle où jaillit la source lumineuse »). Si l'on en croit Flavius Josèphe[17], au Ier siècle apr. J.-C. de telles vues sur le séjour des morts avaient trouvé une assez large audience chez les pharisiens[18].

Dans la religion grecque, Haidès (ou Hadès) est le nom du dieu des morts avant d'être celui du séjour des morts (il est encore personnifié en Ap 6.8; 20.13s; cf. 1Co 15.55n). C'est cependant ce mot que la Bible grecque (LXX) emploie pour rendre l'hébreu sheol. Dans le Nouveau Testament, en règle générale, on l'imagine comme un lieu souterrain (Mt 11.23//; cf. Rm 10.7; Ep 4.9n), mais l'idée d'une demeure séparée pour les justes et les injustes a fait son chemin. En Lc 16.19ss l'hadès pourrait être exclusivement le lieu des réprouvés, par opposition au sein d'Abraham (v. 23; comparer les demeures éternelles du v. 9 et le paradis de 23.43n), mais on peut aussi envisager que celui-ci soit une partie séparée du séjour des morts.

En général, les infidèles sont promis à la géhenne, qui est conçue comme un lieu de destruction ou de tourment par le feu (Mt 5.22n,28; 10.28//; 18.8s//; 23.15,33; Jc 3.6; voir les représentations comparables de Mt 8.12; 13.42,50; 22.13; 25.30,41; 2P 2.17; Jd 7,13). Dans

[14] https://lire.la-bible.net/
[15] Op. cit.
[16] Op. cit.
[17] Op. cit.
[18] Op. cit.

l'Apocalypse de Jean, l'étang de feu, alias la seconde mort, qui semble fonctionner comme un autre nom de la géhenne (19.20; 20.10-13; 21.8), est hiérarchiquement supérieur à l'hadès, puisqu'il finit par engloutir la mort et le séjour des morts.

La Seconde de Pierre (2.4n) se réfère, pour évoquer le lieu de châtiment provisoire des anges[19] déchus, au Tartare que la mythologie grecque situait encore plus bas que l'Hadès. Les portes du séjour des morts sont encore présentes en Mt 16.18, mais l'ensemble de l'expression évoque peut-être moins le monde statique des ombres que l'empire plus vaste et plus actif du mal, qui ne prévaudra pas contre l'Eglise. En Ap 1.18, en tout cas, les clefs du séjour des morts symbolisent bien un pouvoir de délivrer de la mort. La Première de Pierre semble décrire une descente du Christ au séjour des morts (3.19ss; cf. 4.6), mais la visée précise de ce texte est incertaine.

Pendant que l'insolence de la gérante de la boutique où Akéna s'arrêta pour solliciter un service provoqua le vertige d'Akéna, elle se retrouva dans le couloir de la mort dans son inconscient. Que s'est-il passé après l'entrée dans ce couloir ?

Après le passage dans le couloir de la mort, où Akéna sollicita un service, elle fût reçue dans un restaurant où on lui servit un plat de nourriture et deux boissons bien fraîches et elle put se reposer de la fatigue qu'elle ressentit à l'entrée.

Quelques instants plus tard, juste le temps pour elle de constater qu'elle a retrouvé des forces, Akéna voulu rentrer chez elle mais elle fit face à l'opposition d'une foule qui s'opposait car se plaignant de son ingratitude : « Nous te traitons bien ici et tu veux déjà nous abandonner ? Nous ne l'admettrons pas. »

« Où suis-je Seigneur ? » se demanda son homme intérieur, car elle reprenait conscience dans l'ambulance.

---

[19] Ibid. p.50

Le caractère possessif du royaume des morts

« Nous te traitons bien ici et tu veux déjà nous abandonner ? Nous ne l'admettrons pas. » : Ces paroles dans le royaume des morts provoquèrent une haine de ce lieu en Akéna car se rappelant qu'elle avait besoin d'aide mais ne l'ayant pas reçu elle entra dans son inconscient par le couloir de la mort et se retrouva au royaume des morts.

Inconsciente mais satisfaite car recevait déjà des soins, Akéna refusa d'être retenue par le royaume des morts malgré l'accueil qui lui fut réservée. Elle se retrouva en train de bagarrer avec ces gens qui l'accueillirent bien mais voulaient la retenir. Se rappelant qu'elle a une famille, une maison et des personnes à aimer, elle sortit de ce combat toute sale et blessée et pu ressortir du royaume des morts en passant par le couloir de la mort.

Le combat de Akéna dans le royaume des morts eut lieu pendant qu'elle était en train d'être réanimé dans l'ambulance ; secouru par son âme, son corps pu retrouver la vie car s'il n'en était pas le cas, la satisfaction ressentie dans le royaume des morts pouvait amener Akéna à demander un logement, des amis, et y fonder une « vie » (la mort).

Le royaume des morts est possessif et peut nous amener à tout moment à quitter ce monde ; mais il faut rester dans la prière afin que notre âme ait toujours plus de ressources pour pouvoir ramener notre corps de cet endroit tabou pour les vivants, les vrais vivants.

Comment s'est déroulé le combat pour la survie d'Akéna et son retour auprès des siens ?

Le combat de survie

Dans l'ambulance, Akéna réanimée bougea les lèvres, signe de retour à la vie.

Cet acte visible reflétait un combat à plusieurs niveaux.

La survie d'un individu ne se limite pas à la recherche ou l'obtention du manger et du boire, mais aussi en la communion avec notre créateur, à la maintenance de notre âme en vie.

Le combat d'Akéna vu par le subconscient avait lieu dans le royaume des morts contre des personnes inconnues qui l'ont bien reçu ; mais le combat vu par le monde visible se déroulait dans son corps animal (la chair), d'où l'action visible de bouger les lèvres.

Les soins médicaux, les fortifiants, l'attention concours à fortifier et remonter notre corps physique ; par contre l'âme a besoin d'être nourrie afin d'être forte pour pouvoir assister le corps pendant des moments difficiles.

Comment certains hommes spirituels réussissent-ils à vivre pendant des jours, des mois voire même des années sans nourriture et sans mourir ? C'est l'expérience spirituelle qu'Akéna a vécu : Le baptême de la mort. Vivre une expérience de mort et pouvoir la reconstituer ou la relater nous fait poser quelques questions :

- Au royaume des morts, Akéna était-elle consciente ou inconsciente ?
- Le subconscient a-t-il une mémoire et cette mémoire où se trouve-t-elle ? Dans le corps ou dans l'âme ?

La théorie de la dualité de l'homme nous amène à comprendre que l'inconscience du corps physique a une étape dans la conscience de l'âme appelée subconscient qui constitue une partie de la vie (médicalement appelé le coma) et qui est différente de l'inconscience totale de l'homme qui est la mort. Mais le terme royaume des morts signifie aussi qu'après la mort il y'a une vie ; vie dont le subconscient peut se souvenir mais vie aussi enseignée dans les églises et religions.

Si le subconscient de l'homme permet qu'il nous parle de ce qu'il vit, comment ceux qui n'étaient pas avec lui peuvent ils en parler sans lui et sans son apport ? Ici, se trouve la présence d'une troisième partie de l'homme : l'esprit qui nous informe de tout nous concernant et concernant les autres. Ainsi, si la dualité du corps est admise : corps terrestre et corps céleste (âme) ; la présence de l'esprit qui connait ce qui nous échappe est évidente.

Le combat de la survie est donc à trois niveau : le corps à entretenir, l'âme à nourrir et l'esprit à garder souder avec son créateur : Dieu par son Fils Unique Jésus-Christ selon les enseignements du Christianisme.

Etais – je seule ?

Devant le grand miroir de ma chambre, j'essayais de trouver une réponse à quant à ma présumée solitude ou ma solitude ressentie.

Mon image devant ce gigantesque miroir permettait que je puisse m'observer plus attentivement, en insistant sur mon visage. Je me posai plusieurs fois la question de savoir si c'est moi le problème ; si je suis un fardeau pour les autres ou quel péché ai – je commis à ma naissance.

Comme seule, vue sur ce miroir, j'ai toujours été isolée bien qu'entourée la plus part du temps que ce soit à l'église, à la maison ou au travail ; mais une fois dans ma chambre la même ombre, la même image sombre de mon existence sur terre ressurgissait quand je ne trouvais pas l'attention des autres envers moi suffisante. Très souvent en regardant mon mari j'avais l'impression de voir en lui quelqu'un qui chérit les apparences et qui sourit au grand public mais qui ne se donne pas suffisamment pour conquérir son entourage.

La différence entre nous deux est qu'il sait ce qu'il veut sans trop s'y mettre, mais moi, je m'adonne beaucoup à ce que je fais sans détermination.

Mes propres pensées me tourmentaient et m'empêchaient de savourer l'instant présent. Figée dans mon être, je parlais aux gens sans même les comprendre ou même sans avoir entendu ce qu'ils ont dit. Malgré tout ceci, personne ne remarquait mon trouble car l'impact de ma présence dans la vie des autres les satisfaisaient.

L'ombre de mes pensées forgeait en moi une timidité et une peur du changement, une peur d'avancer et de ne plus regarder en arrière. J'avais constamment peur de me tromper ou de faire un faux pas. La vie n'avait plus de sens pour moi. J'ai arrêté d'avoir des projets, de penser au lendemain. J'avais cessé d'aimer, non seulement les gens autours de moi, mais aussi moi-même. À chaque fois, je remettais en question mon existence et ma propre personne.

Mes compagnons de fêtes

Assise sur le grand Sofa de mon salon, Akéna regardais ses photos d'enfance et, plongée dans ses souvenirs, ceux qui la marquaient et la rendaient nostalgique. Elle s'exprimait dans un monologue intérieur :
« Mes souvenirs, mes pensées, mes peurs, mes inquiétudes me suivaient partout chaque fois que j'étais seule. Leur présence faisait tout le temps du bruit si bien qu'il était pour moi presque impossible de dormir. La nuit, mon mari dormait à côté de moi comme un bébé, il n'avait jamais remarqué que je ne dormais presque jamais. Je réfléchissais, je pensais, sans même savoir réellement ce que je voulais. Une vie moins mouvementée ? Un mariage plus heureux ? Moins de regard des autres et plus d'attention à mon égard ? Je ne savais pas. Au travail, mon arrivée au bureau me faisait toujours le même effet… le regard des autres, ils me dévisageaient de bas en haut sans me parler car ma notoriété dans la ville et mes réalisations imposaient le respect à mon égard. Le « bonjour » sarcastique de mes voisins de bureau, ce mot qui était censé être chargé d'amour et de chaleur semblait si vide lorsqu'ils le prononçaient. C'était considéré comme une formalité, un « bonjour » chargé de mépris et vide d'émotion. Je regardais les autres sans toutefois le faire vraiment.

Je ne sais plus pourquoi à cette période de ma vie, plus rien n'avait de sens…plus rien n'était important pour moi. Je me disais en moi même que je ne gagne rien en forçant les choses ou en faisant des efforts pour obtenir quelque chose qui va finir par me filer entre les doigts. Je ne voulais plus être productive ou recevoir quelque chose des autres puisque j'avais perdu le sens de la vie ou de ma venue sur terre. Je vivais pour vivre. Prise entre l'incompréhension des autres et leur hostilité à mon égard, je ne savais plus où lettre les pieds, ni comment regarder ou parler à quelqu'un et plus le temps passait, plus je m'enfermais dans ma coquille. Le doute dans tout ce que je faisais avait envahi mon esprit. Tout ce qui y avait à faire pour moi était d'observer, d'être spectateur. Je n'aimais rien…je ne savourais rien et ne prenait plus garde à moi-même. Ceux pour qui je vivais au départ de le considéraient plus, ou du moins…je m'en rendis juste compte. Pas seulement mes pensées mais aussi le regard aigri des autres m'accablait si bien qu'à un moment de ma vie j'ai arrêté de sortir, de me connecter aux réseaux sociaux, de parler, de penser au futur… ma dépression, et mon envie de disparaitre du monde me hantaient et me suivaient partout au quotidien.

S'il y avait un moyen pour moi de disparaitre de ce monde où plus rien ne me convenait, j'allais certainement le faire. Mais à un moment je pensais à mon fils. La seule raison' de vivre qu'il me restait. Que penserait-il de moi après avoir su que je ne voulais plus vivre malgré qu'il soit dans ma vie ? Je ne pouvais partager ce que je ressens avec lui, ou du moins, je ne savais pas l'exprimer. Heureusement pour moi il savait comment j'étais et ne sentait pas eu tout vexé.

À ce moment de ma vie j'avais même oublié ce que j'aimais. Je n'avais plus de loisir, que des pensées obscures et négatives tout au long de mes journées. J'avais cessé de planifier, je vivais au jour le jour, comme un nomade qui ne savait pas où il dormirait la nuit prochaine. Je n'accordais plus d'importance aux choses, malgré le fait que je continuais à travailler, ce n'était plus par passion pour mon travail ou pour gagner de l'argent, mais pour pouvoir espérer de penser à autre choses. Mais au lieu de cela, j'avais impression que ça devenait pire de jour en jour. Étant donné mon côté renfermé et introverti, je ne parlais à personne sauf pour aborder le sujet du travail et je rentrais directement après avoir fini ce sue j'avais à faire. Bon enfin…avant ça l'était mais cette fois-ci c'était bien pire. En marchant dans les couloirs de mon lieu de service, je pouvais sentir les chuchotements de mes collègues à mon égard. Ces bruits que suscitaient ces chuchotements me hantaient à chaque fois que je rentrais de cet endroit qui n'était pour moi que cage d'hypocrites. Je subissais même des moqueries, des railleries, des insultes indirectes, personne n'essayait de me comprendre ou même de savoir l'origine d'un tel comportement. Personne n'avait essayé de m'approcher. Avant j'aurai accordé de l'importance à tout ça mais maintenant…plus rien. J'avais arrêté de ressentir quoi que ce soit pour qui ou quoi que ce soit…je me disais tout simplement que ça n'en valait pas la peine. Pas le moins du monde! Plus que le fonctionnement de ce monde était tel que quoi que tu fasses, quoi que tu dises, tu seras toujours méprisé et tu te feras toujours insulté. Ce monde m'avait déçu, et le souvenir de chaque blessure me tenait loin du monde extérieur. Je ne voulais plus ressentir la chaleur humaine, ni même entendre la voix de qui que ce soit mais que faire? En marchant dans les rues, j'avais l'impression d'entendre des moqueries, des insultes, derrière mon dos. Je me tourne, et je ne vois personne me parler ou me pointer du doigt ou même me regarder. Autour de moi il n'y avait que des ombres, des bruits des voix de gens… qui se mélangeaient dans ma tête … »

Les regards muets mais présents de mon voisin

Akéna faisais toujours de son mieux pour ne pas se laisser aller par les choses qui lui arrivaient :

« J'avais même accepté, sous l'insistance de mes enfants de prendre un rendez-vous avec le psychologue. J'avoue que j'avais mal de savoir que mes enfants pensent que je suis folle. Ils ont commencé à douter de ce que je disais, de ce que je faisais, ils avaient même commencé à me surveiller. Lorsque je voulais monter ou descendre les escaliers, l'un d'entre eux se rassurait que je ne sois pas seule à le faire. Je n'avais même plus le droit de me placer à l'étage ou de conduire. Je n'arrivais juste pas à le croire mais c'était ça, ils me prenaient réellement pour une folle. Même au bureau, à cause de ma façon d'agir, ma façon de répondre, on ne m'avait plus confié certaines tâches…on ne me faisait plus confiance. Les gens me parlaient, l'air désintéressés mais je pouvais voir clairement qu'ils vouaient réellement savoir si j'étais folle ou pas. En les regardant, je pouvais entendre ce qu'ils se disent tout au fond d'eux, même s'ils ne parlaient pas. Et ces regards mauvais, suspicieux, méprisants, méfiants de ces gens qui m'entouraient me suivaient tout au long de mon quotidien. Je n'avais plus confiance en personne, plus qu'on n'en avait pas pour moi. Et mes propres enfants, je me disais qu'ils avaient juste pitié. Je portais ce lourd fardeau en moi, celui de savoir que ceux qui m'entouraient se méfiaient de moi, je ne ressentais rien d'autre que ça et je me disais que je ne pouvais rien y faire car j'avais déjà tout perdu. Je trainais avec moi cette image que les autres avaient de moi, que ce soit au lit ou au dîner (lorsque je faisais semblant de m'alimenter) je ne pensais qu'à ça, si bien que je ne pouvais plus respirer normalement ou me concentrer.

Même le psychologue que je visitais malgré moi me semblait toujours moqueur juste en le regardant. J'avais toujours cette impression-là d'entendre du sarcasme lorsqu'il s'adressait à moi, et ça devenait de plus en plus compliqué pour lui car je répondais à peine. À un moment donné, il a décidé d'arrêter la thérapie car il ne voulait plus de moi comme patiente. Tout au fond de moi je l'avais conclu depuis dès le premier jour. Il n'a jamais voulu m'aider!! J'étais énervée de savoir qu'il nous prenait de l'argent même s'il savait qu'il ne pourra pas m'aider. Je commençais à me plaindre, à l'intérieur d moi bien sûr. Au marché lorsque je faisais les courses, je ressentais toujours comme si tous les regards étaient portés sur moi, que personne ne voulait de moi, ni de mon argent, que personne ne voulait d'une folle au milieu d'eux. Tellement les bruits des voix moqueurs et des insultes des autres me hantaient que j'ai décidé à ce moment donné de ma vie, de ne plus sortir. Même dans ma propre chambre ça commençait déjà à me hanter. J'entendais des voix, des gens qui se moquaient, je pensais à ces visages qui avaient l'air sans expression mais qui voulaient dire pleins de choses à mon égard. Les gens me rejetaient indirectement, seulement à partir de leur façon de me regarder. Je me retrouvais seule, seule dans ce monde, seule dans ma chambre, mais je n'étais pas seule dans mes pensées. Ou du moins, ce que je voyais qui restait coincé dans mon esprit.

J'étais plongée dans la solitude et le trouble du regard des autres sur moi. À ce moment-là, je me disais que je lisais dans leur pensée et je pouvais savoir en fonction de leur regard, ce qu'ils pensaient de moi. On ne me faisait plus confiance je le sais, même si on ne pouvait pas me le dire. Mais cela ne me faisait plus de la peine, j'étais désintéressée par tout, alors à quoi cela servirait de se soucier de ce que les autres pensent de toi ? On m'observait, me regardait avec pitié comme une pauvre veuve ayant perdu la tête après la mort de son mari… j'avais même entendu que si je n'étais pas encore renvoyée de mon travail, c'était par pitié pour moi, pour mon état, mais après avoir entendu ça, je n'étais néanmoins pas surprise. L'homme est un hypocrite, un menteur, quelqu'un qui fait les choses pour l'apparence. Aucun acte de compassion n'était vrai dans toute cette histoire….aucun…. »

Racontait Akéna à une de ses voisines qui l'obligea à la recevoir car depuis la disparition de son mari elle était devenue inconsolable et pire encore l'impossibilité d'organiser un deuil convenable car le corps disparu après un naufrage au bord de la Nouvelle Zélande on était obligé de considérer la mort mais pas le deuil car l'église sans corps avait toujours espoir.

L'attention de l'Etat invisible

Encore appelé la main invisible sur le plan de la politique ou de la diplomatie, l'attention de l'état ne s'exprime pas toujours selon notre convenance ou notre goût ; mais le fait que l'état considère tous les individus au même pied d'égalité en ce qui concerne la définition des soins ou de l'assistance ceci du fait de la déclaration universelle des droits de l'homme[20] que nous jugeons nécessaire de repréciser ici afin qu'elle soit lue ipso facto[21] :

Préambule

Considérant que la reconnaissance de la dignité inhérente à tous les membres de la famille humaine et de leurs droits égaux et inaliénables constitue le fondement de la liberté, de la justice et de la paix dans le monde.

Considérant que la méconnaissance et le mépris des droits de l'homme ont conduit à des actes de barbarie qui révoltent la conscience de l'humanité et que l'avènement d'un monde où les êtres humains seront libres de parler et de croire, libérés de la terreur et de la misère, a été proclamé comme la plus haute aspiration de l'homme.

Considérant qu'il est essentiel que les droits de l'homme soient protégés par un régime de droit pour que l'homme ne soit pas contraint, en suprême recours, à la révolte contre la tyrannie et l'oppression.

Considérant qu'il est essentiel d'encourager le développement de relations amicales entre nations.

Considérant que dans la Charte les peuples des Nations Unies ont proclamé à nouveau leur foi dans les droits fondamentaux de l'homme, dans la dignité et la valeur de la personne humaine, dans l'égalité des droits des hommes et des femmes, et qu'ils se sont déclarés résolus à favoriser le progrès social et à instaurer de meilleures conditions de vie dans une liberté plus grande.

Considérant que les Etats Membres se sont engagés à assurer, en coopération avec l'Organisation des Nations Unies, le respect universel et effectif des droits de l'homme et des libertés fondamentales.

---

[20] https://www.un.org/fr/universal-declaration-human-rights/

[21] Locution adverbiale qui signifie p**ar le fait même**. — *Note* : Il se dit de tout ce qui résulte nécessairement de quelque fait.

Considérant qu'une conception commune de ces droits et libertés est de la plus haute importance pour remplir pleinement cet engagement.

L'Assemblée générale proclame la présente Déclaration universelle des droits de l'homme comme l'idéal commun à atteindre par tous les peuples et toutes les nations afin que tous les individus et tous les organes de la société, ayant cette Déclaration constamment à l'esprit, s'efforcent, par l'enseignement et l'éducation, de développer le respect de ces droits et libertés et d'en assurer, par des mesures progressives d'ordre national et international, la reconnaissance et l'application universelles et effectives, tant parmi les populations des Etats Membres eux-mêmes que parmi celles des territoires placés sous leur juridiction.

Article premier

Tous les êtres humains naissent libres et égaux en dignité et en droits. Ils sont doués de raison et de conscience et doivent agir les uns envers les autres dans un esprit de fraternité.

Article 2

1. Chacun peut se prévaloir de tous les droits et de toutes les libertés proclamés dans la présente Déclaration, sans distinction aucune, notamment de race, de couleur, de sexe, de langue, de religion, d'opinion politique ou de toute autre opinion, d'origine nationale ou sociale, de fortune, de naissance ou de toute autre situation.
2. De plus, il ne sera fait aucune distinction fondée sur le statut politique, juridique ou international du pays ou du territoire dont une personne est ressortissante, que ce pays ou territoire soit indépendant, sous tutelle, non autonome ou soumis à une limitation quelconque de souveraineté.

Article 3

Tout individu a droit à la vie, à la liberté et à la sûreté de sa personne.

Article 4

Nul ne sera tenu en esclavage ni en servitude; l'esclavage et la traite des esclaves sont interdits sous toutes leurs formes.

Article 5

Nul ne sera soumis à la torture, ni à des peines ou traitements cruels, inhumains ou dégradants.

Article 6

Chacun a le droit à la reconnaissance en tous lieux de sa personnalité juridique.

Article 7

Tous sont égaux devant la loi et ont droit sans distinction à une égale protection de la loi. Tous ont droit à une protection égale contre toute discrimination qui violerait la présente Déclaration et contre toute provocation à une telle discrimination.

Article 8

Toute personne a droit à un recours effectif devant les juridictions nationales compétentes contre les actes violant les droits fondamentaux qui lui sont reconnus par la constitution ou par la loi.

Article 9

Nul ne peut être arbitrairement arrêté, détenu ou exilé.

Article 10

Toute personne a droit, en pleine égalité, à ce que sa cause soit entendue équitablement et publiquement par un tribunal indépendant et impartial, qui décidera, soit de ses droits et obligations, soit du bien-fondé de toute accusation en matière pénale dirigée contre elle.

Article 11

1. Toute personne accusée d'un acte délictueux est présumée innocente jusqu'à ce que sa culpabilité ait été légalement établie au cours d'un procès public où toutes les garanties nécessaires à sa défense lui auront été assurées.
2. Nul ne sera condamné pour des actions ou omissions qui, au moment où elles ont été commises, ne constituaient pas un acte délictueux d'après le droit national ou international. De même, il ne sera infligé aucune peine plus forte que celle qui était applicable au moment où l'acte délictueux a été commis.

Article 12

Nul ne sera l'objet d'immixtions arbitraires dans sa vie privée, sa famille, son domicile ou sa correspondance, ni d'atteintes à son honneur et à sa réputation. Toute personne a droit à la protection de la loi contre de telles immixtions ou de telles atteintes.

Article 13

1. Toute personne a le droit de circuler librement et de choisir sa résidence à l'intérieur d'un Etat.
2. Toute personne a le droit de quitter tout pays, y compris le sien, et de revenir dans son pays.

Article 14

1. Devant la persécution, toute personne a le droit de chercher asile et de bénéficier de l'asile en d'autres pays.
2. Ce droit ne peut être invoqué dans le cas de poursuites réellement fondées sur un crime de droit commun ou sur des agissements contraires aux buts et aux principes des Nations Unies.

Article 15

1. Tout individu a droit à une nationalité.
2. Nul ne peut être arbitrairement privé de sa nationalité, ni du droit de changer de nationalité.

Article 16

1. A partir de l'âge nubile, l'homme et la femme, sans aucune restriction quant à la race, la nationalité ou la religion, ont le droit de se marier et de fonder une famille. Ils ont des droits égaux au regard du mariage, durant le mariage et lors de sa dissolution.
2. Le mariage ne peut être conclu qu'avec le libre et plein consentement des futurs époux.
3. La famille est l'élément naturel et fondamental de la société et a droit à la protection de la société et de l'Etat.

Article 17

1. Toute personne, aussi bien seule qu'en collectivité, a droit à la propriété.
2. Nul ne peut être arbitrairement privé de sa propriété.

Article 18

Toute personne a droit à la liberté de pensée, de conscience et de religion ; ce droit implique la liberté de changer de religion ou de conviction ainsi que la liberté de manifester sa religion ou sa conviction seule ou en commun, tant en public qu'en privé, par l'enseignement, les pratiques, le culte et l'accomplissement des rites.

Article 19

Tout individu a droit à la liberté d'opinion et d'expression, ce qui implique le droit de ne pas être inquiété pour ses opinions et celui de chercher, de recevoir et de répandre, sans considérations de frontières, les informations et les idées par quelque moyen d'expression que ce soit.

Article 20

1. Toute personne a droit à la liberté de réunion et d'association pacifiques.
2. Nul ne peut être obligé de faire partie d'une association.

Article 21

1. Toute personne a le droit de prendre part à la direction des affaires publiques de son pays, soit directement, soit par l'intermédiaire de représentants librement choisis.
2. Toute personne a droit à accéder, dans des conditions d'égalité, aux fonctions publiques de son pays.
3. La volonté du peuple est le fondement de l'autorité des pouvoirs publics ; cette volonté doit s'exprimer par des élections honnêtes qui doivent avoir lieu périodiquement, au suffrage universel égal et au vote secret ou suivant une procédure équivalente assurant la liberté du vote.

Article 22

Toute personne, en tant que membre de la société, a droit à la sécurité sociale ; elle est fondée à obtenir la satisfaction des droits économiques, sociaux et culturels indispensables à sa dignité et au libre développement de sa personnalité, grâce à l'effort national et à la coopération internationale, compte tenu de l'organisation et des ressources de chaque pays.

Article 23

1. Toute personne a droit au travail, au libre choix de son travail, à des conditions équitables et satisfaisantes de travail et à la protection contre le chômage.
2. Tous ont droit, sans aucune discrimination, à un salaire égal pour un travail égal.
3. Quiconque travaille a droit à une rémunération équitable et satisfaisante lui assurant ainsi qu'à sa famille une existence conforme à la dignité humaine et complétée, s'il y a lieu, par tous autres moyens de protection sociale.

4. Toute personne a le droit de fonder avec d'autres des syndicats et de s'affilier à des syndicats pour la défense de ses intérêts.

Article 24

Toute personne a droit au repos et aux loisirs et notamment à une limitation raisonnable de la durée du travail et à des congés payés périodiques.

Article 25

1. Toute personne a droit à un niveau de vie suffisant pour assurer sa santé, son bien-être et ceux de sa famille, notamment pour l'alimentation, l'habillement, le logement, les soins médicaux ainsi que pour les services sociaux nécessaires ; elle a droit à la sécurité en cas de chômage, de maladie, d'invalidité, de veuvage, de vieillesse ou dans les autres cas de perte de ses moyens de subsistance par suite de circonstances indépendantes de sa volonté.
2. La maternité et l'enfance ont droit à une aide et à une assistance spéciale. Tous les enfants, qu'ils soient nés dans le mariage ou hors mariage, jouissent de la même protection sociale.

Article 26

1. Toute personne a droit à l'éducation. L'éducation doit être gratuite, au moins en ce qui concerne l'enseignement élémentaire et fondamental. L'enseignement élémentaire est obligatoire. L'enseignement technique et professionnel doit être généralisé ; l'accès aux études supérieures doit être ouvert en pleine égalité à tous en fonction de leur mérite.
2. L'éducation doit viser au plein épanouissement de la personnalité humaine et au renforcement du respect des droits de l'homme et des libertés fondamentales. Elle doit favoriser la compréhension, la tolérance et l'amitié entre toutes les nations et tous les groupes raciaux ou religieux, ainsi que le développement des activités des Nations Unies pour le maintien de la paix.
3. Les parents ont, par priorité, le droit de choisir le genre d'éducation à donner à leurs enfants.

Article 27

1. Toute personne a le droit de prendre part librement à la vie culturelle de la communauté, de jouir des arts et de participer au progrès scientifique et aux bienfaits qui en résultent.
2. Chacun a droit à la protection des intérêts moraux et matériels découlant de toute production scientifique, littéraire ou artistique dont il est l'auteur.

Article 28

Toute personne a droit à ce que règne, sur le plan social et sur le plan international, un ordre tel que les droits et libertés énoncés dans la présente Déclaration puissent y trouver plein effet.

Article 29

1. L'individu a des devoirs envers la communauté dans laquelle seule le libre et plein développement de sa personnalité est possible.
2. Dans l'exercice de ses droits et dans la jouissance de ses libertés, chacun n'est soumis qu'aux limitations établies par la loi exclusivement en vue d'assurer la reconnaissance et le respect des droits et libertés d'autrui et afin de satisfaire aux justes exigences de la morale, de l'ordre public et du bien-être général dans une société démocratique.
3. Ces droits et libertés ne pourront, en aucun cas, s'exercer contrairement aux buts et aux principes des Nations Unies.

Article 30

Aucune disposition de la présente Déclaration ne peut être interprétée comme impliquant pour un État, un groupement ou un individu un droit quelconque de se livrer à une activité ou d'accomplir un acte visant à la destruction des droits et libertés qui y sont énoncés.

Le respect de la déclaration des droits de l'homme n'est pas toujours évident dans les pays du tiers – monde et surtout en Afrique ; mais Akéna a bénéficié de l'application de ce droit du fait du respect dû à sa famille et aussi par la grâce de Dieu. Mais tout cela n'était pas visible, palpable et perçu par elle dans le cadre de ses plaintes ; son insatisfaction ne laissait pas apparaître une quelque assistance à son encontre mais ce n'est qu'au moment de ses divers malaises et peines qu'elle crut voir une lueur d'attention, d'égard et d'intérêt porté vers elle par son entourage, sa société, son église et l'état du pays dans lequel elle vivait.

Les guerres intérieures et extérieures à mon égard

Assise sur une chaise dans son jardin, Akéna essayait de lire la bible. Depuis plusieurs semaines elle essayait de le faire en vain. Ce jour-là, pendant son heure de prière, elle s'est retrouvée en train de lire les psaumes et l'exhortation de cette partie de la bible l'a ramené dans la prière. Mais elle y parvenait difficilement.

Akéna n'avait plus confiance en Dieu, encore moins foi en Lui. Elle referma rapidement le livre sacré et essayai de fermer les yeux un moment pour se reconcentrer dans la prière, mais c'est le visage de son mari qu'elle voyait.

Tous les souvenirs des moments passés ensemble avec son mari défilaient devant elle et faisaient qu'elle avait perdu toute confiance en elle, en l'humanité mais voulais quand même avoir la chance de pouvoir reprendre son train quotidien normal en dépit de tout.

Après deux jours sans dormir et sans manger ni boire normalement, elle se rendît compte qu'il n'y avait pas de machine à remonter le temps. Dans sa tête elle se posait un tas de question...Elle ne voulait plus penser à rien mais hélas !! Elle cherchait désespérément un échappatoire pour pouvoir se faire une raison d'avoir été mise de côté par sa famille, par la société et par l'église.

Partout où Akéna se rendait, elle n'arrivait pas à faire taire ses pensées et cela l'empêchait de croire que quelqu'un puisse l'aimer. Elle était si seule moralement que, autour d'elle se perdait parfois en présence de plusieurs personnes et pensait qu'elle avait eu un vertige en revenant à elle – même alors qu'il n'en n'était rien.

« Tout était flou ce matin, après les quelques secondes de sommeil que j'ai eues et je me rendormais aussitôt après avoir pris un verre d'eau. » déclara Akéna à sa fille aînée qui était au téléphone avec elle ; puis elle continua en lui disant que « au départ je prenais un médicament, n'ayant pas d'effet, j'en ai pris deux, ensuite trois, puis quatre ... Une fois endormie, le visage des gens, leur regard méfiant et orgueilleux à mon égard me suivaient dans mes rêves... je courais pour m'en échapper mais ils me suivaient partout. J'ai donc décidé d'arrêter ce traitement et c'est un verre d'eau simple qui me calme. »

Les choses devenaient encore plus difficiles pour Akéna lorsque je devais se retrouver au milieu des gens au bureau, au supermarché ou à l'église. Elle avait toujours l'impression, quel que soit ce qu'elle disait, que les gens ne croyaient plus en elle. Leurs regards la tuaient à petit feu de l'intérieur et elle faisait semblant de ne pas être affectée par cela. Tellement c'était agaçant qu'à un moment elle a arrêté ses sorties. Elle n'avait plus de téléphone sur elle et ne se connectait plus sur les réseaux …

Au bureau, Akéna a reçu un congé technique à cause de son comportement accompagné d'une prise en charge médicale afin qu'elle puisse se soigner et être de retour à son lieu de travail en pleine forme. Cet aspect de la vie, Akéna ne l'avait pas réalisé avant. Depuis un long moment de sa vie j'ai toujours fait semblant. Faire partie d'une société, se « mélanger » aux autres, tout ceci pour se faire accepter, pour avoir une identité, un chemin à suivre, un nom, une raison de me lever tôt le matin et de se presser pour aller quelque part comme les autres. Mais, elle était obligé d'arrêter le théâtre et de se reposer, de se soigner et faire une vraie introspection.

La présence de Dieu

À genoux dans sa chambre, la bible entre ses deux mains, Akéna priait le Seigneur de tout son être et de toute mon âme. Cela fait déjà plusieurs semaines qu'Akéna n'avait pas la conviction de la présence de Dieu et elle se rend compte qu'elle avait oublié à quel point ça faisait du bien de le faire.
« C'est vrai ! Dieu est l'être suprême et le créateur de ce monde. C'est vraiment ingrat de la part d'un être humain d'oublier tout ce qu'il fait pour nous et qu'il fera encore. Après m'être levée, je me sentais revivre, j'avais la tête moins surchargée et mes pensées étaient renouvelées d'autant plus que je suis en plein jeûne de 10 jours. Je me rappelle encore de la personne qui m'a donné cette idée, cette personne en qui je ne voyais que calme et tranquillité. Je me suis toujours dit comment il faisait pour ne pas se soucier de ce que les autres pensent de lui et de vivre pleinement sa vie même s'il sait que les autres le voient comme un looser. Il n'avait pas d'argent, pas de belle maison, il avait une apparence négligée mais il se battait pour être toujours présentable. Il aimait Dieu et le servait. ». Ces paroles Akéna se les déclarait intérieurement pour trouver la force de se remettre sur le chemin du Seigneur.

Ce jour-là, elle revenait de vérifier son atelier de couture et son shopping ; et devait se rendre à l'église, le lieu où elle était censée me sentir bien mais c'était le contraire. Akéna n'avait pas pris sa voiture car les docteurs le lui ont interdit pour un certain temps. Il s'est mis à pleuvoir et elle s'est abritée chez son cordonnier. Son atelier était toujours aussi bien rangé malgré qu'il soit étroit et il se dégageait l'odeur de la colle à chaussure. Akéna s'assis devant ce vieil homme réparant une botte en caoutchouc noire qui, en même temps, grignotait des arachides grillés. Si on se fiait à sa barbe blanche, il serait un homme vraiment très vieux. Mais si on considérait plutôt sa force et sa solidité, on croirait qu'il ait encore ses 50 ans. Il savait pertinemment que je n'étais pas dans mon assiette.

Depuis l'arrivée d'Akéna, elle gardait le silence en le regardant coudre…ou du moins elle essayait d'être calme l'observant. Elle pensait à autre aux regards des fidèles à l'église, des propos blessants de ces femmes pour qui elle était déclarée « sans charisme ». « Ils veulent tous m'écarter de l'Assemblée et m'ont mis à l'écart des activités bien que Présidente du fait de mon mari, mais sa disparition me rendait fragile et l'église ne voulait pas présenter ce visage de ma personne » expliquait Akéna au vieil homme, silencieux.

C'est une mise à l'écart et non une excommunion car impossible au vu des statuts, répliqua le vieil homme. Il ajouta parfois Dieu parle à travers ce genre de décision ; soit à l'église, soit à l'intéressé.
Au souvenir de la présence de Dieu, j'essayer intérieurement d'entrer en jugement avec mon créateur et lui présenter ma situation étant sur la défensive :

- J'ai été écartée de l'église.
- Mon mari n'est plus…
- Que suis-je censée faire ? Je n'ai plus rien…je ne suis rien…

Akéna avait juste abandonné celui sur qui elle s'appuyait depuis toujours. Elle s'est focalisée sur les problèmes au lieu de chercher une solution et pour se réconcilier avec l'être supérieur. Akéna se disait que Dieu ne serait pas capable de prendre soin d'elle et de résoudre ses problèmes. Pendant son échange avec le vieil homme, Akéna se rappela encore de l'engagement prit devant le Seigneur pendant son baptême dans le Saint – Esprit et lors des noces aux Etats - Unis. Elle dit à son interlocuteur qu'elle rentre chez elle.

De retour à la maison, elle s'enferma pour prier avant de rompre le jeûne ce soir-là.
Pendant la prière elle se consacrait à Dieu à nouveau et lui donnait toute sa vie quand soudain un ange du Seigneur lui apparut pour lui dire que son mari n'est pas mort.

L'ange lui demanda d'aller reprendre sa place à l'église et que son mari reviendra dans 40 jours mais avant elle ne doit en parler à personne pour son image, mais dans 14 jours ils auront une conversation téléphonique.

Akéna se changea, prit son véhicule et alla rejoindre le service en cours à l'église. A son entrée comme de coutume toute la salle se leva et les dirigeants se disaient qu'elle allait s'asseoir sur une chaise libre dans la salle mais elle se dirigea et s'assit sur son siège habituel près de celui de son mari disparu.

Ce fût un grand émerveillement dans la salle ; lorsqu'on lui donna la parole elle bénit le Seigneur, bénit la salle et entonna un chant de louange comme un guerrier triomphant d'une bataille. Toute la salle était en effervescence et son visage triste devint reluisant mais elle cacha son secret selon les paroles de l'ange.

Quatorze jours plus tard elle reçut un coup de fil de son mari et après quarante jours il l'appela devenir le chercher à l'aéroport : « Gloire à Dieu ! Le Seigneur est fidèle » s'écria-t-elle arrivée à l'aéroport avec ses filles et Junior qui avait reçu une lettre de reprise de service après son revoit au Canada. Elle se jeta sur son mari et il leur dit de prendre la route car il a beaucoup à raconter et a été sauvé du naufrage comme Jonas dans la Bible.

Quelques instants d'intimité familiale ne lui firent pas accordés quand une foule de journalistes et forces de maintien de l'ordre ayant appris que le Président de l'église avait été rescapé du naufrage en Nouvelle Zélande arriva et la nouvelle circula en direct au niveau des média : ce fût où les dirigeants de l'église apprirent son arrivée et il y'eut presque qu'un tremblement de terre dans cette communauté religieuse car l'arrivée de leur Mentor fût subite, soudaine et eût lieu quand certains détruisaient déjà l'œuvre et la famille de l'apôtre de ce ministère chrétien.

CONCLUSION (Résolution finale)

Paul n'est pas le seul à chercher le cœur du cœur de l'essentiel et à arriver à ce verset d'Habaquq. À peu près la même époque, le Talmud (Makkot 24a) nous rapporte une longue discussion concentrant étape par étape les 613 commandements traditionnels dans certains courants du judaïsme, jusqu'à arriver :[22]

- à seulement 3 commandements avec Michée (6:8) « *On t'a fait connaître, ô humain, ce qui est bien et ce que l'Éternel te demande : C'est que tu pratiques la justice, Que tu aimes la miséricorde, Et que tu marches humblement avec ton Dieu.* »: absolument magnifique, et si profond. À méditer chaque jour ?
- puis à 2 commandements avec Ésaïe (56:1) « *Ainsi parle l'Éternel : Gardez ce qui est droit, et pratiquez la justice* » : un appel au discernement personnel, libre, responsable. À méditer aussi.
- puis à 1 seul commandement avec Amos (5:4) « *Ainsi parle l'Éternel : Cherchez – moi, et vous vivrez !* »: nous entrons là dans le cœur d'une foi vivante, d'une réflexion libre de tout dogmatisme, de tout moralisme. Une invitation à la prière et à la recherche personnelle, où l'agnostique comme le plus vibrant des fidèles sont invités à chercher la source de la vie, pas à pas. Le fait même de chercher étant la chose la plus essentielle, divine.
- cette discussion du Talmud aboutit finalement à cet unique commandement trouvé dans le livre du prophète Habaquq (2:4) « *Le juste vivra par sa foi* ». Trois mots seulement. Trois mots qui nous parlent de Dieu comme juste, fidèle et bon, trois mots qui nous parlent de nous, de notre vie, de notre foi à vivre telle qu'elle est aujourd'hui. Avoir sa propre foi, et vivre par sa foi, dans la sincérité. Oser cette sincérité et cette liberté.

Ce geste de rechercher le cœur du cœur de ce qui nous anime est un geste fondamental que nous pouvons faire nous-même, avec notre personnalité, notre sensibilité spirituelle et théologique. Cette démarche est l'esprit d'une réforme permanente, d'une conversion continue, pas à pas, avec Dieu. Ces versets choisis parmi les 23'145 de la Bible Hébraïque rendent la personne humaine adulte dans sa foi.

[22] Source : Pasteur Marc Pernot

Dieu est juste, il est fidèle et vivant. Il ne peut donc absolument pas abandonner un seul de ses enfants, jamais, car il est fidèle. Dieu ne peut être source de mort, en aucune façon, il ne peut rester inerte, les bras croisés, car il est « le vivant » : il agit pour soigner, pour faire grandir et ressusciter. Et même s'il n'y avait que du bien quelque part, il agirait encore pour l'augmenter.

Akéna s'est mis à l'école de Paul inconsciemment ou poussée par l'Esprit Saint, à rechercher la paix intérieure pour être en marge du folklore et de la religiosité. Elle a utilisée plusieurs années de sa vie pour aboutir au plus important, la foi en Dieu au point de communier de manière vivante, vitale et édifiante avec le Créateur. Elle a opté par une approche par questionnement cherchant à connaître le pourquoi des choses jusqu'à aboutir à la source vitale de la vie où il n'y a plus de question.

Après des hauts et des bas dans sa démarche, arrivée au point de stabilité pourra – t – elle tirer le maximum de cette relation pour édifier l'église, soigner ceux qui, comme elles trainent des pathologies mentales ou psychiques, restaurer ceux qui auront abandonné Dieu ; mission que le Seigneur donna à Pierre en disant : « Il lui dit une seconde fois: Simon, fils de Jonas, m'aimes-tu? Pierre lui répondit: Oui, Seigneur, tu sais que je t'aime. Jésus lui dit: Pais mes brebis. Il lui dit pour la troisième fois: Simon, fils de Jonas, m'aimes-tu? Pierre fut attristé de ce qu'il lui avait dit pour la troisième fois: M'aimes-tu? Et il lui répondit: Seigneur, tu sais toutes choses, tu sais que je t'aime. Jésus lui dit: Pais mes brebis. En vérité, en vérité, je te le dis, quand tu étais plus jeune, tu te ceignais toi-même, et tu allais où tu voulais; mais quand tu seras vieux, tu étendras tes mains, et un autre te ceindra, et te mènera où tu ne voudras pas.... » (Jean 21 :16-18).

Nous souhaitons que toutes (tous) les Akéna après avoir retrouvé la foi y demeurent pour combattre le bon combat sans cesse et dans l'amour.

BIBLIOGRAPHIE

BARRET-KRIEGEL Blandine, *L'État et les esclaves,* Paris, Payot, 1979.

–, *Les Droits de l'homme et le droit naturel,* Paris, PUF, 1989.

BIET Christian, *Les Droits de l'homme* (anthologie), Paris, Imprimerie nationale.

BINOCHE Bertrand, *Critiques des droits de l'homme,* Paris, PUF, 1989.

BLOCH Ernst, *Droit naturel et dignité humaine,* trad. fr., Paris, Payot, Coll. « Critique de la politique » 1976.

BOURETZ Pierre (éd.), *La Philosophie du droit,* Paris, Esprit, 1991.

BUTLER Marilyn, *Burke, Paine, Godwin and the Revolution Controversy,* Cambridge, 1984.

Collectif, *Le Fondement des droits de l'homme,* Florence, Institut international de philosophie, 1964.

Notes

1. Sur les thèses de Durkheim à propos de la morale voir aussi : Filloux J.-C. (1994), *Durkheim et l'éducation,* Paris, PUF, collection « Pédagogues et Pédagogies » ainsi que Forquin J.-C. (1993), « L'enfant, l'école et la question de l'éducation morale. Approches théoriques et perspectives de recherches », in *Revue Française de Pédagogie,* 102, janv.-fév.-mars, pp. 69-106.

2. Nous nous contenterons ici d'en donner deux exemples. La première recherche examine l'influence des cultures différentes des américains et des indiens adultes sur leurs jugements moraux. La comparaison est basée sur l'évaluation des sujets à propos de quatorze événements quotidiens portant soit sur la justice, soit sur la responsabilité interpersonnelle. Elle met en évidence que les indiens tendent à justifier leurs catégorisations par référence aux responsabilités interpersonnelles, tandis que les américains tendent à utiliser comme support de justification les principes généralisés de la justice (J.G. Miller et S. Luthar (1989), « Issues of Interpersonal Responsibility and Accountability : A Comparison of Indians'and Americans'Moral Judgments », in, Social Cognition, vol. 7, 3, pp. 237-261). La deuxième recherche propose un modèle théorique qui oppose la perspective chinoise de la moralité à celle des sociétés occidentales. Elle montre que cette dernière est plutôt basée sur les principes d'indépendance et d'objectivité ; la première, en revanche, se base davantage sur le besoin émotionnel de se sacrifier au nom de l'intérêt collectif ou de vivre en accord avec les lois de la nature (MA Hing Keung (1988), « The Chinese perspectives on Moral Judgment Development », in International Journal of Psychology, 23, pp. 201-227).

3. Selon John Dewey le rôle de l'école n'est pas de préparer les élèves à la vie mais de leur donner l'expérience même de la vie. En ce sens, l'expérience, aussi bien en ce qui concerne le rapport aux choses qu'au rapport à soi-même, constitue le centre du processus éducatif. C'est pourquoi d'ailleurs la classe est considérée comme une vraie communauté qui doit fonctionner selon les principes de la démocratie (voir. Expérience et Education, 1938, trad. Armand Colin 1947 et Démocratie et Education, 1916, trad. A. Colin 1975).

4. En ce qui concerne les idées de Durkheim sur la définition de l'Etat et le rapport entre l'Etat et l'individu, voir Leçons de sociologie, introduction de G. Davy, Alcan, 1950, rééd. « Quadrige », PUF, 1991. Voir aussi la bonne analyse effectuée à ce propos par François Jacquet-Francillon dans les notes préparées pour les étudiants du concours CPE, Université Lille III.

Webographie

1. Jean Paul Bouchet : Licencié pour divergence stratégique https://www.larevuecadres.fr/articles/licencie-pour-divergence-strategique/4550

2. https://www.cnrtl.fr/definition/vulgum pecus

3. https://fr.wikipedia.org/wiki

Printed by Books on Demand GmbH, Norderstedt / Germany